まえがき

老後は「ずぼら」でいこう!

人生第二章。定年後、シニアという年齢層に入ったら、人とのつきあい自体も「ちょこっとずぼら」に考え直すべきではないでしょうか。

社会人時代には、相性が悪いと感じている人ともつきあわざるを得なかったはず。しかし、退職後には、そのような無理をする必要はないと思います。

たとえばOB会。大学の同窓生や、企業を退職した人たちで組織されるグループで、食事会を催したり旅行へ行くというのが一般的な活動のようです。

これを楽しみにしているというならいいのですが、大学や会社の元上司や元先輩と顔を合わせたくないというなら、無理して参加しなくてもいい。

とくに退職したばかりだと、ＯＢ会のメンバーは年上ばかりですから、せっかく食事会へ行っても「運転、頼むね」と言われてお酒を飲めなかったり、面倒な幹事を押しつけられることが多いようです。

こんなふうに、大学時代・社会人時代の延長のように苦労してまで気の進まないつきあいをする必要はありません。

だからといって「行きたくありません」とズバリ言ってしまうと不要なトラブルが起きる可能性もありますから、

「出欠をお伝えするのを忘れていました」

「その日の予定がまだ決まらないので、今回は欠席に……」

といった、ちょっとずぼらな返事をしておけばよいでしょう。

これからは退職金と年金や蓄えで暮らしていくわけですから、行きたくないイベントにお金を出して参加することはありません。それなら、奥さんと

2人で温泉へ行ったり、気のおけない仲間たちと飲みに行ったほうがよほど楽しいでしょう。

また、退職後に知り合った人とのつきあい方も「ちょこっとずぼら」がおすすめです。

たとえば、地域活動で知り合った人と飲む機会があっても、「今までどんなお仕事を？」などと立ち入った話は控えるべきですし、「おごる・おごられる」の関係も作らないこと。財布を忘れたとか、知らぬ間に支払われていたという「ずぼら」は御法度です。

たとえ相手が年長だとしても上下関係はないわけですから、飲み食いしたら基本は割り勘。あるいは自分が頼んだものは自分で支払うようにしましょう。ここも「ずぼら」と「ちょこっとずぼら」の違いですね。

とにかく、シニアになってからの友だちづきあいは、お互いに深入りしすぎず、**つかず離れずの距離感がちょうどいい**と考えるべきです。

老後は少し考え方を変えるだけで、ストレスがない生活になります。楽しいシニアライフを満喫してみませんか。

保坂　隆

目次

素直に「ヘルプ」と言えるのが本当の大人

欲張らなくても大丈夫。そのままでいい

プチずぼらには「体調」の大義名分があります

理想の祖父母を卒業してもいい

信心はほどほどで大丈夫

ダラダラした一日もいいもの

第2章 毎日の生活をゆるめましょう

掃除は時間をかけず省エネモードで

お惣菜に一工夫をプラスで食卓に彩りを

ハレの日の食事も手抜きをしていい

「時短」でプチずぼら

第3章

プチずぼらで脳をイキイキ

無理なく腰痛に効く方法
ちょこっと日光浴の効果を見直そう
らくらく筋トレで筋力をキープ
話題の「骨ホルモン」を出す方法
「プチずぼら派」にぴったりの「家事トレ」
掃除しながらのお手軽トレーニング
「かくれ脱水」防止のプチずぼら給水術
温熱療法で「肝腎かなめ」の手入れ
体温を上げて免疫力アップの方法
「ロコモ」に負けない簡単体づくり
背筋をシャンと伸ばして若見えスタイル
「ゾンビ体操」で血管年齢を若返らせよう

第6章

プチずぼら食で毎日元気に！

編集協力／幸運社
ＤＴＰ／今井明子

精神科医が教える
ずぼら老後の知恵袋

第1章

がんばりすぎていませんか?

「まぁいいか」ならやめておく

「○○さんのお見舞いに行かなければ義理を欠く。いつ行こうか」

「最近、腹の脂肪が目立つな。がんばってダイエットしなければ」

「早くお買い物に行かなきゃ、日が暮れちゃうわ」

私たちが毎日のように繰り返す「しなければ」の言葉。

でも、本当にそれはどうしてもしなければならないことでしょうか。

もしそれが「習慣だからア常識だから」「世間体が悪いから」といった理由でしなければならないのなら、もうパスしてはどうでしょう。

働き盛りで、人づき合いやビジネス絡みのコミュニケーションが大事だった時代には、しなければならないこともたくさんあったと思います。

しかし、現役を退いてからも「やる必要」に迫られるような事態が続くことはそうありません。ちょっと大げさかもしれませんが、高齢になってから「しなければならない」ことは、生命にかかわることくらいで、大抵の用事は「まぁいいか」ですませられるのではないでしょうか。

「今日はお買い物に行かなければ」と思いながら、「面倒だから明日にしよう」と出かけるのをパスしたとしても、それで家族が餓死することもなければ、生活に支障が出るようなこともないでしょう。

要は、**何かをしようとして「まぁいいか」ですむことなら、遠慮なく「しない」という選択肢を選んでいい**ということです。

それで気持ちが軽くなるのなら、何の問題もありませんね。

ただし、なかには「しなければいけない」を楽しんでいる人も意外に多く、そういう人にはこのアドバイスは当たりません。

その人が「自分に与えられた役目を全うして期待に応えたい」と、やりがいを感じているのなら、他人は口出し無用です。それでその人のモチベーションが上がるなら、むしろ暮らしにアクセントをつけるいい刺激といえるでしょう。

「プチずぼら」で夫婦の危機を脱出しよう

「夫の同居で妻は早死にする」などというショッキングな見出しを雑誌で見ることがありますが、定年を迎えた夫がいつも家にいるようになると妻の体調が悪くなるというのは、あながち間違いではありません。

「老後に夫と暮らすと、妻の死亡リスクは2倍になる」というデータもあるほどで、こうした健康障害は「夫源病」とも呼ばれて、医者の間でも話題に上っていました。

「夫源病」とは、夫の言動が原因となって妻の体にめまいや頭痛など不快な症状を引き起こす現象で、典型的なストレス症候群です。

今は共に子育てや家事に取り組む夫婦も増えていますが、最近定年を迎えた世代となると、まだまだ「家庭のことはすべて妻の仕事」と考える人が多いのも事実です。

定年で夫の在宅時間がぐんと増えると、かえって妻の家事負担は増えることになり、さらに妻への気配りが足りないとなると「夫源病」が起こる可能性は増える一方でしょう。

しかし、心身の衰えが加速する高齢期を乗りきるには、夫婦の協力はどうしても必要なもの。この時期に協力を拒むことなど、あってはならないことです。

とはいえ、これまで「男性ファースト」の生活をしてきた人には抵抗があるかもしれませんね。そこで、おすすめしたいのが、**定年後に夫婦そろって始める「プチずぼら生活」**です。

今後も夫婦でいようと思ったら、お互いに譲歩し合い、協力し合うことは当然ですが、一番いいのはクリアするハードルを最初から下げて、イージーモードにしておくことです。

たとえば、家事を役割分担にして受け持つにしても、「ここがまだキレイになっていない」「こんな盛り付けはセンスがない」などと次々に文句をつけていたのでは、せっかくのやる気も失せてしまいます。

こうした家事や生活の雑事は、とにかく細く長く持続させるのが一番。だから、自分にも相手にも過度な期待や要求をしないこと。相手への厳しい採点はやめにして、「適当なところでＯＫを出そう」と了解し合うのが、「プチずぼら」の真髄です。

つまり、いつも全力投球で速球を投げるより、コンディションと相談しながら時には力を抜いて、ふんわりとスローボールを投げる。こんなイメージで捉えると、わかりやすいのではないでしょうか。

また、文字通り「60歳からを第二の人生」と考えて、それまで経験のなかったことにチャレンジするのもいいものですね。

ちなみに、知り合いのご主人は、定年後にメキメキと料理の腕を上げ、今ではパートに出かける奥様のお弁当はすべて手作りしているのだとか。

定年後の夫婦が気持ちよく過ごすには、お互いを思いやる気持ちを大切にし、無理なくつきあっていくことではないでしょうか。

頑固な人も、ときにはプチずぼらに

「自分、不器用ですから」

かつて、俳優の高倉健さんがつぶやくように言ったこのセリフを、「なんて渋くてカッコいいいんだろう」と、うっとり聞いた人もいたでしょう。

ところが、実際、自分の周りに恐ろしく不器用な人がいたら、とても「カッコいい」などと言っていられないはずです。

さらに不器用よりもっと困るのが「頑固」をアピールする人で、「自分は頑固なもので、融通がきかないんですよ」などと言われたら、「つきあいにくい人かもしれないから注意しよう」と、少し警戒してしまいます。

ただ、本人は頑固をマイナスとは思わず、「日本の男は軽薄な態度を見せず、実直で頑固な方がいい」というふうに、かなり美化して捉えている場合があります。古い日本人の概念として「男子たるもの『軽佻浮薄』ではなく『重厚謹厳』を旨として生きるべき」という考え方がありますが、このポリシーが頑固な生き方にも表れているのかもしれません。

しかし、現代の世の中で「頑固ですから」と言われても、それは単に「柔軟性のない人」「考えの古い人」というイメージしか浮かばないでしょう。

それが言葉だけのものならいいのですが、もし本当に「男は台所には入らない」といった頑固者なら、単に心を閉ざした身勝手な人になってしまいます。

本書では「ちょっと手抜きはしても、自由で軽やかに生活を楽しみましょう」という提案をしていますから、この考え方を「いいな」と思ったら、**頑固な自分を脱ぎ捨てて、フレッシュで開放的なシニアをめざしてみてください。**

高齢期を楽しく生きるためには、これまで自分を縛ってきたさまざまな制約や固定観念を手放して、ちょっとずぼらに、心を伸び伸びさせることです。
「自分は頑固だから」と宣言して、自ら生き方の幅を狭くすることはないと思います。

老後は楽天的な「てーげー」で行こう！

リゾート地として人気を集める沖縄は、お年寄りが活き活きと暮らす長寿の島としても有名です。そのためもあってか、老後の居住地として移住を考える人も増えているようです。

沖縄には独特の生活文化やのんびりとした暮らしのリズムがあって、その楽天的な考え方に心惹かれるシニアは少なくありません。

定年まで真面目一筋で生きてきたような人ほど強く南国文化に惹かれるのか、それまでほとんど旅行経験もないような人がいきなり移住を決める例も珍しくないそうです。

しかし、移住はしないまでも、リラックスして楽しい老後を過ごすためのヒントがたくさんある沖縄から、自分に合う暮らし方を探してみるのもいいですね。

沖縄の人の日常会話には「なんくるないさ」という言葉がよく出てきます。これは、ポジティブな沖縄県民の気質を表すキーワード。

「なんくるないさ」とは「なんとかなるさ」という意味で、どんなに困ったことがあっても、「なんくるないさ」のひと言で気分を前向きにすることができる魔法の言葉です。

実際に沖縄まで出かけなくても、この言葉にこめられた明るいパワーを感じ取って、自分に言い聞かせるだけでも、心持ちはずいぶん違ってきます。

ブルーな気分になったときは「なんくるないさ」と心の中でつぶやいて、「このくらい平気だ！」と笑い飛ばせばいいのです。

また、もうひとつ、沖縄でよく聞くのが「てーげー」という言葉。

「てーげー」とは、「大体」とか「適当に」ということで、「てーげー主義」といえば「細かいことはあまり気にしないで大体で大丈夫」という意味です。

もちろん厳しいビジネスシーンで「てーげー」は通用しませんが、定年を迎えたら、このくらい大らかな気持ちにシフトしたいものですね。

あまり細かいことは気にせず「大体でいいよ」の精神で、自分にも他人にも寛容になることは、シニア期を穏便に過ごす心構えでもあります。

「てーげー」の元になった「大概」という言葉は、「大概にしなさい」などと否定的な意味で使われる場合が多いのですが、沖縄で「てーげーでいいさ」と言われると、心がほっこりしてしまうから不思議です。

このように、誰も責めなくていい環境があれば、穏やかな気分でゆったり生きられそうです。

沖縄に移り住んだ人によれば、「つい時間にルーズになってしまう」そうで、その分遅刻が増えたといいますが、同時に「時間に追われていた昔と比べると、のんびりできて最高」なのだとか。

「笑い」のある毎日にしましょう

定年後には、お金のこと、健康のこと、人間関係と、退職後も悩みは尽きません。たくさんありますから、しかめっ面になるときもあります。でも、そんな顔をしていると関係は悪化するばかり。とにかく、無理をしてでも笑いのある生活を心がけてほしいものです。泣いても笑っても同じ一生です。それなら、健康で元気が出る「笑い」で老後を過ごした方が得じゃありませんか。

中国には「一笑一若一怒一老」という格言があります。これは、「一回笑えばそれだけ若くなるが、一回怒ればそれだけ心や頭が老いてしまう」という意味です。

たしかに、日本にも「笑う門には福来たる」という言葉があります。

しかし、「無理して笑ったところで効き目はないさ」と思ったのではありませんか。いいえ、十分すぎるほど効き目があるのです。

「人は悲しいから泣くのではなく、泣くから悲しくなるのだ」という禅問答のような考え方があります。これは、表情や行動が感情を決めるという心理学的な考え方で「自己知覚理論」と呼ばれます。

最初は作り笑いをしても、笑顔を浮かべていると心はだんだんに楽しくなっていくというのですが、そうなれば、次第に自然な笑顔を浮かべられるようになるでしょう。

老後になれば体力や体の機能が衰えていくのは自然の成り行きです。この衰えは肺にも及んで、体内に取り入れる酸素量は年齢とともに減っていきます。こうした酸素不足の影響を最も大きく受けるのは、酸素消費量の約20％を占める脳です。つまり、シニアの脳は慢性的に酸素が不足しているということです。

笑うときの呼吸は体内の酸素の状態を改善するために効果的なのです。「アハハハハ」であれ「フン」であれ、たとえ作り笑いだったとしても、笑うと息が口や鼻から出ますが、このときの息は、普段の呼吸よりもはるかに速く多くなっています。

笑えば笑うほど、多く息を吐けば、その分、息を吸わなければなりませんから、大量の酸素を体内に取り込むことができるというわけです。

「一日に一度は大笑いする」ように心がけてみましょう。お腹が痛くなるくらいの大笑いをしてみませんか。

お腹が痛くなるのは、腹筋を限界近くまで使って腹式呼吸をし続けることができた証拠です。これくらいしっかり呼吸すれば、酸素不足でぐったりしていた脳も元気を取り戻すことができます。

歳をとったら猫のように気ままなペースで

日本では最近、猫の飼育数が犬を上回っています。しかも、猫の人気は右肩上がり。実は、この現象にはシニアも関係しているようです。

犬を飼う場合、散歩は欠かせませんし、大型犬ならリードを引いて歩くだけでも大変な労力を要します。そのため、大型犬に引っ張られて怪我をする人もいて、「シニアが犬を世話するのは難しい」という意見がよく聞かれるようになりました。

そんなわけで、「今度飼うなら小型犬か猫がいい」という人が増えて、猫の飼育数が逆転したのですが、たしかにマイペースであまり世話をする必要のない猫は、シニアが飼うにはピッタリかもしれません。

愛犬家には「愛想がない」「わがままで自分勝手」と酷評される猫ですが、

まさにそれが最大の魅力。人に媚びない野性的な性格こそ、猫ならではのものです。

もともと単独で暮らす猫は一匹でいるのを好みます。そんな猫から人間が学ぶことはけっこうあるものです。

ともすれば人の顔色を見てしまう人間には、自分の感覚を最優先にわが道を行く猫の生き方は、颯爽として見えます。**自分らしい生き方を許された定年後なら、猫のライフスタイルは格好のお手本**になるかもしれません。

好きなときに寝て、好きなときに起き、好きなときに食べる。そんな本能に素直な生活を真似るだけでも、自由に生きる解放感を味わえるでしょう。

もちろん、猫との楽しいコミュニケーションが暮らしに活き活きとした彩りを与えてくれるのは、言うまでもありません。

素直に「ヘルプ」と言えるのが本当の大人

今では信じられない話ですが、かつて日本の体育会系運動部では「運動中に水を飲んではいけない」といわれ、真夏も喉が渇いたまま我慢して練習を続けた生徒がたくさんいました。当然ながら、これは非常に危険な行為で、生命の危険さえ伴います。精神論で「歯を食いしばってがんばれ！」というのがいかに無意味なことかわかります。

この「がんばることが美徳」「我慢することはいいこと」という考え方が浸透しすぎていて、これがかえって弊害になっていることはたくさんあります。

子どもの頃に、転んでも泣かずに我慢していると、「○○ちゃんは偉いね」とほめられた経験があるのではないでしょうか。

私たちはこのように長い時間をかけて「弱音を吐かないこと」や「我慢強いこと」がいいことだと教え込まれてきたわけですから、ある日突然「もう我慢はやめた！」と決めても、それを実行するのはなかなか難しいかもしれません。

しかし、心身ともにタフな時代ならともかく、高齢になってから我慢を続けるのは決していいことではありませんし、それが身体的なトラブルを招くケースもありますから、せめて60歳からは自分に甘く、優しくいきましょう。

たとえば、出先で何か困ったことがあっても、「自分で何とかしよう」と悪戦苦闘するのはやめて、**「すみません。ちょっとお手伝いいただけませんか」**と誰かに声をかければいいのです。

自分の努力で何とかなるならいいのですが、無理をして後で後悔するくらいなら、素直に「ヘルプ」のサインを出した方がずっとスムーズに事が運びます。このあたりが「プチずぼら派」の極意です。人が支え合ってこその社会なのですから、助けを求めるのは何も恥ずかしいことではありません。

むしろ堂々と「手を貸していただけませんか」のひと言が出るよう、自分自身の意識を変えるのが、第一歩といえるでしょう。

欲張らなくても大丈夫。そのままでいい

定年を控えた人が必ず不安になるのが、老後のお金や健康についてです。「生活費が足りるかどうか心配」「病気になったらどうしよう」……。

そんな心配をあおるようにテレビや雑誌が書き立てるのも問題ですが、もともと人間は悩む生き物ですから、どんなに心配をしても悩みの種がつきることはないのです。

また、たくさん不安を抱いてあれこれ心配をすれば、問題がきれいさっぱり解消するかといえば、そんなこともありません。

心理学的にいえば、ストレスをためやすく不安を強く感じる人には欲張りな人が多いようです。

ストレスを強く感じる人と、そうでない人の違いを判別するのに「欲張り

かどうか」という項目があり、自分のめざす期待値が高い欲張りなタイプほど達成感が少なく、欲求不満だけが取り残されてしまいます。

いつも「もっといい家に住みたい」「もっとお金が欲しい」と欲望をふくらませている人は、その欲求が満たされない分、ストレスをため込むことになります。

一方、欲望の少ない人は、すぐに欲求が満たされるのでストレスがたまりにくく、考え方もポジティブになります。つまり、心の持ちようでストレスは大きく変わり、その人の心を映す鏡になるのです。

では、どうしたら欲張りな気持ちを抑えられるかというと、これが実に単純で、「ありのままの現状を受け入れ、ありのままの自分を受け入れ、ありのままの自分を愛する」だけでいいのです。

私たちは普段、実に多くのものに囲まれて生活していますが、「それは本当に必要なものですか?」と聞かれたら、ちょっと戸惑うのではありませんか。

たとえば、引越しでは驚くほどたくさんの不要品が出ますが、あれほど多くの家財を捨てても日常には何の影響もないのですから、どれほど無駄なものと暮らしているかがわかります。

ところが、いったん〝断捨離〟をして身辺をすっきりさせても、大抵はまた「○○があればもっと便利になる」「○○があれば節約できる」と、欲望にかられて余計なものを増やしてしまいます。

ここで、あえて断言させてもらいますが、あなたの暮らしは今あるものだけで十分です。むしろシンプルに暮らすためには、これ以上欲しがらないことです。

欲しがりすぎず、ため込みすぎず、快適に暮らしたいと思ったら、一度キャンプに出かけてみるのもいいでしょう。

必要最低限のものだけを持ってテントで数日を過ごせば、「なぁんだ、これだけで十分じゃないか」と、その快適さに気づくもの。車に生活用品と寝具を積み込んで旅を楽しんでいる人がいますが、**「人間が暮らしていくのには、わずかなものだけでいいんですよ」**と笑っています。

贅沢なライフシーンを手に入れるより、「そんなもの、いらないよ」と、プチずぼら生活を楽しむ方が、心はずっと豊かになるような気がします。

プチずぼらには「体調」の大義名分があります

定年を過ぎたからといって、人づきあいがまるでなくなるわけではありません。古くからの友人や近所からのお誘いは、そのまま続くパターンがほとんどです。

もちろん、大好きな仲間と過ごす時間を大切に思っているのなら、そのひと時を十分に楽しめばいいのですが、いわゆる「義理」でつきあう時間は楽しくもなく、疲れるだけという人も多いはず。

「職場の同僚グループから今でも食事会の誘いを受けるんだけど、特に親しい友人がいるわけでもないし、もうそろそろ辞退したいのよね。でも、お世話になった先輩がいるし、自分だけ『やめます』とはなかなか言えなくて」

そんな愚痴をこぼしたくなる気持ちも、よくわかります。

まして、退職後の家計を考えると、できるだけ無駄な出費は控えたいというのが本音ではないでしょうか。

せっかくの集まりも、はじめから無駄使いではないかと思っていれば、はしゃぐ気になれませんね。「今度は断ろう」と思っている人も少なくないのではないでしょうか。

やはり、自分が納得していないことに対して時間やお金を使うのは、どうしても避けられない義理がある場合だけにしたいもの。リタイアしてまで、そんな義理に縛られる必要はまずありません。

昔なら、どうしても欠席したいときは、親戚の不幸や子ども、親の病気、自分自身の風邪や腹痛を理由にして、後ろめたい気持ちで言い訳をしたものですが、それも現役で仕事をしていた頃のことです。

定年を迎えて退職したら、今度は「老後の体調」という大義名分があります。

現役中は「風邪で」「ねん挫で」と、無理やり不調をでっち上げていたとしても、60歳を過ぎたらシニアの体調に文句をつけるような不届き者などめったにいません。

幸か不幸か、シニアは体のどこかに不調を抱えているのが普通です。ですから、「腰が痛くて」「膝関節を痛めたので」「このところ血圧が高くて」「先日、糖尿病の疑いがあるといわれて」などなど、義理を欠くための理由はいくらでもつくれます。

一般には、こういう辞退の理由を「仮病」といいますが、これも無駄に事を荒立てないための立派な知恵といえるでしょう。

シニアだからこそ通用するこの「**仮病でプチずぼら**」のテクニックは、ぜひマスターしておきたいもの。「○○に行かなければ」「誰々に会わなければ」などと憂鬱な気分になるくらいなら、仮病でプチずぼらを通す方がずっと気が楽です。

生真面目に生きるより、ちょっとずぼらの方が楽しく生きられるのなら、
断然プチずぼらに軍配が上がるでしょう。

理想の祖父母を卒業してもいい

日本の子育て環境はなかなか改善されず、保育園探しに奔走している共働きのご夫婦は数えきれないほどいます。

しかし、どうしても保育園が見つからないからといって、奥さんが専業主婦になったのでは経済的な負担が大きく、「誰か子どもを世話してくれる人がいれば」という話の繰り返しになります。そして、このときにクローズアップされる「誰か」の代表は、おじいちゃん、おばあちゃんではないでしょうか。

まずはピンチヒッターで「今日一日だけお願い」と頼まれて、孫の世話をするというパターンになりがちです。ところが、問題はその後です。

最初は「一日だけお願い」だったものが、そのうち「2、3日よろしく」

になり、やがては「保育園が見つかるまで頼む」と、先の見えない約束にまで発展するケースも多いのです。

たとえば、自分が28歳で子どもを産んで、子どもが30歳で親になれば、そのときは58歳。孫が2歳になる頃には60歳で、やっとゆとりのある生活をしようと思ったら、第二の子育てが始まるというストーリーもあり得ます。

厄介なのは、子どもから「おじいちゃん、おばあちゃんにとって孫は目の中に入れても痛くないほど可愛いはず」「この子も懐《なつ》いているし、やっぱり小さいうちは身内の愛情に包まれて育つのが大事よね」などと、子育て支援を持ち出されること。

「そんなに長時間、幼い子の面倒を見るのは大変」「親の言うとおりの育て方ができるか心配」などと不安を口にしようものなら、「えーっ、孫が可愛くないの?」「お母さんもまだ若いんだから大丈夫よ」と、反撃を食うこともあることでしょう。

しかし、60を超えてからの子育ては、そう簡単なものではありません。

まず体力的な問題が一番で、自分が30歳代なら難なくこなせたことも、60歳代ではかなりきつく感じられるでしょう。

なにしろ、３歳児でも体重は14キロほどありますから、孫を抱っこしたり、ベビーカーでつれて歩くだけでも、大変な重労働になります。

正直なところ「もうハードな子育てに参加するのはパスしたい」と思うのは自然なことで、別に自分を責める必要もありません。

そこで、こんなときはまた、プチずぼらの必殺技である「仮病術」の出番です。

「腰痛がひどくなって、抱っこができない」「孫を追いかけていると不整脈が出る」「すっかり目が悪くなって、絵本も読めない」などと老後の体調を理由に世話を回避しても、非難されることはないでしょう。

また、自分自身の体調でなくても「最近、お父さんが具合悪くてね」などと伴侶の不調を引き合いに出すのも方法です。

つい無理をしがちな孫の世話ですが、仮病でプチずぼらができれば、かえって家族の理解や思いやりが深まることもあります。

信心はほどほどで大丈夫

「今日は月命日だからお墓に行ってくるわ」

ご主人を亡くされたMさんが身支度しながらそうつぶやくと、まだ若いお嫁さんが「ツキメイニチってなんですか？」と首をかしげました。

Mさんがあきれたように「あら、月命日も知らないの？　月命日というのは、故人が亡くなったのと同じ日のことをいうのよ。だから、月に一度の月命日にはお墓参りを欠かさないの」と答えると、「お義母さんは信心深いんですね」と感心した様子のお嫁さん。

しかし、最近では月命日のお参りに菩提寺を訪れる人も減る一方です。よほどの信仰心がないと墓参を続けるのは難しくなっているようです。

特に、高齢になると腰痛や関節痛などのロコモティブシンドロームが目立つようになり、行きたくても墓参に行けない事情が増えてきます。

また、お墓が離れた場所にある場合は、着くまでが一苦労です。荷物を抱えて満員電車に乗り、さらに徒歩で数十分をかけてお墓にたどり着くまでにはエネルギーを使い果たしてしまいますね。

さらに、段差の多いお墓では高齢者の怪我や骨折も多いようですから、よくよく気をつけなければなりません。

実は先ほどのMさんも、お墓で予期せぬアクシデントにあった一人で、それを機に、大きく意識が変わったといいます。

すっかり夏の空模様になった7月初旬、月命日を前にお墓の草取りや手入れを始めたMさんは、しばらくすると頭がくらくらとして熱っぽくなってしまいました。そのままうずくまっていると、通りかかった住職が声をかけてくださり、なんとか大事にはならなかったのですが、これは典型的な熱中症の症状。

もしあのまま炎天下にいたら、緊急入院ということにもなりかねなかったのですから、信心深さが裏目に出た格好となりました。

そして、このときにお寺で聞いた「信心もいいのですが、無理をしても仏様は喜びませんせん。あなたに仏様を思うお気持ちがあれば、それだけで十分なんですよ」という住職の言葉に感銘を受けて、ハンドルをプチずぼらモードに大きく切り直したそうです。

それ以来、Ｍさんはお墓の掃除や手入れを専門業者に依頼することにしました。

わざわざ遠くの墓所に行かなくても綺麗に維持できるとわかると、心の重荷から解放されたような軽やかさを感じたそうです。

また、足をくじいて外出できないときは、お参りの代行サービスをお願いしたといいますから、どんどんプチずぼらの上級者になっているようですね。

「はじめは、こんな手抜きをしてご先祖様に申し訳ないとも考えたのですが、私たちが元気で暮らすことが一番の先祖供養と考えることにしたんです」

そういって明るい笑顔を見せるMさんは、今ではプチずぼらの名人です。

形式だけの供養より、心を込めて仏様に手を合わせる方がずっと尊いとわかって、余計な義務感や責任感からも解放されたそうです。

ダラダラした一日もいいもの

　私の周囲には、シニアの方々がたくさんいて、ちょっと話しているだけでも「なるほど」とうなずかされることがよくあります。ここで紹介するのも、そんな話のひとつです。

　現役のデザイナーとして活躍しているシニア女性の場合、気分が乗らない日は、締め切りが迫っていても何もしないそうです。

「落ち込んだ日のことを考えてみると、とても疲れているときだったとわかった。だから気をつけてます」

　そこで、そんな疲れた日はソファに寝転び、ダラダラデレデレ。電話にも出ないしメールも見ない。メールを開くと、「すぐに返事しなければ」と考えてしまうからです。それに、友人から旅行に行ったとか、有名店で食事をしたとかの自慢のメールが入っていたりすると、なんだかさびしい気持ちになってしまうからだそうです。

本を読んだり、音楽を聴いたり、テレビを見たりしながらダラダラと過ごす一日。好きな時間に寝たり起きたりしていると、人間はこんなに眠れるのかと感心するくらい眠れる日もあるようです。そして、お腹がすいたら、冷蔵庫にあるものを適当に食べたり、出前を取ったり。

そんな時間を過ごした後は、自分でもびっくりするほど、気持ちが前向きになるそうです。そして、意外なアイデアを思いつくこともあるとか。

ときにはこんな**プチずぼらな一日をつくると、「落ち込みすぎ」とは無縁のプチ楽天家になれる**と思います。

第2章

毎日の生活をゆるめましょう

掃除は時間をかけず省エネモードで

主婦にアンケートをして嫌いな家事を挙げてもらうと、1位になるのは、お風呂やトイレを含めた家の掃除です。

その理由は、面倒なことや時間がかかること、キリがないことなどさまざまですが、高齢になるとそれに疲労感や肉体的な負担が加わって、ますます苦手になるという人が多いようです。

実際、子どもが育ち盛りの頃は家も汚れやすく、頻繁に掃除する必要がありますが、夫婦ふたりだけの暮らしともなれば、それほど汚れませんから家事負担はかなり軽減されるはずです。

それでも高い場所に手を伸ばしたり、力を入れて汚れを落としたり、掃除自体の面倒さは変わらないので、歳をとった分だけ掃除に対するストレス感が大きくなるのかもしれません。

そこで、前より強く疲れを感じる年齢になったら、掃除ももう少し省エネの「プチずぼらモード」に切り替えてみてはどうでしょう。

昔から「ホコリで死んだ人はいない」といわれますが、それほど神経質にならなければ、掃除も毎日ではなく、２、３日に一度で大丈夫。

むしろ、普段からまめに片づけをしたり、目立つゴミやホコリを粘着テープで取り除いたりしていれば、部屋もそれほど汚れた印象にはならないでしょう。

また、片付けをする順番によって、掃除の難易度も変わってきますから、そうした知恵を活かすのも方法です。家の片付けで大事なのは、片付けやすいものから難しいものへと順番にハードルを上げていくこと。

苦手と感じる場所は人それぞれなので一概に「ここから順に」とはいえませんが、自分が手を付けやすいと思うところなら、どこからでもＯＫです。

ただし、効率のいい掃除のコツは、「上から下」「奥から手前」「外側から内側」のルールを守るのが基本です。

ハウスダストが気になる人は、ホコリを立てずに掃除をすることを念頭に、天井や壁の上の方、照明器具、家具の上などのホコリをハンディモップなどで取り、最後に床の掃除をするようにしましょう。

さらに、掃除機の排気口からの風でホコリが巻き上がることもあるので、ホース部分を長く接続して、本体を野外に出して使えば安心です。

できるだけリズムをつけてスピーディにやるのがお掃除短縮化のコツですが、実は掃除が嫌になる最大の原因は、途中でテンションが下がるからなのです。

だから、**掃除時間をできるだけ短くして一気にやるのが最大のポイント。**

人が掃除に集中できるのは、せいぜい1時間くらいのもので、あまり長い時間がかかると、ストレスでどんどん元気がなくなってしまいます。

それより、疲れたと思ったら、「今日はもうやめ！」とずぼら宣言をして、掃除を放棄してみましょう。やめたところで誰も困るわけではありませんから、「ホコリで死んだ人はいないわよ」と、ニッコリ微笑む余裕があればいいのです。

お惣菜に一工夫をプラスで食卓に彩りを

「スーパーで煮物や和え物などのお惣菜を見ると、つい買いたくなるんだけど、いかにも手抜きしているみたいで後ろめたくて。結局、材料を買って料理するのよね」

「わかる、わかる。夫婦二人だけだから、たくさん作っても余るし、お惣菜を買う方が経済的なんだけど、なんとなく抵抗があるのよね」

年配の女性の間では、こんな会話が交わされることが多いようですが、これらの言葉には慎み深く勤勉な日本女性のメンタリティがよく表れています。

手作りの料理は温かい家庭の基本。

出来合いの惣菜を食卓に並べるのは主婦として恥ずかしい。

こうした考えを持つのは、昔から受け継いだ「良妻賢母」のイメージを今も持ち続けているためかもしれませんが、還暦を迎える頃になれば、そろそろそんな建前を返上してもいいでしょう。

夫婦二人だけ、あるいは自分一人の生活で、毎日、料理にそれほど多くの時間と手間をかけるのは、少しもったいないような気がします。

ただし、無類の料理好きで、一日中台所に立っていても平気という人は別です。そういう人にとって、料理は趣味の領域に入りますから、思う存分楽しんでください。

でも、毎食の料理をするのに疲れ、負担に感じるようなら、余計な責任感は忘れて、気軽にお惣菜をわが家のメニューに取り入れてしまいましょう。

ただし、スーパーで買ったまま発泡スチロールのお皿を食卓に並べるのでは、いかにも「手抜き」に見えて、ちょっと侘びしい印象になってしまいます。そこで、せめて小皿に体裁よく盛りつけるなどして、美味しそうな演出をしたいもの。**ほんのちょっとの手をかけるだけで、スーパーのお惣菜もワ**

ンランク上の料理に変身します。

私の知り合いの女性は、「最近は商店街のお惣菜をよく利用するの。手間がかからなくてとっても便利よ」と話していましたが、ユニークなのはそのコーディネート術です。

彼女はベランダのミニガーデンを利用して季節の草花やハーブを育て、それをお料理に添えているのです。そうすると、出来合いのお惣菜が上品な懐石料理風に大変身。

とても手抜きとは思えない一品に仕上がるのですから、これは真似てみる価値がありそうですね。

草花だけでなく季節感のある器や箸置きなど、食卓を飾る演出法は、アイデア次第でたくさんあります。

スーパーのお惣菜も一工夫すれば、たちまち気の利いた一品になるのですから、ここはプチずぼらのテクニックを発揮するいいチャンスです。

ハレの日の食事も手抜きをしていい

日本には昔から「ハレ」の日と「ケ」の日があって、これらはハッキリ区別されていました。今はあまり聞かれなくなりましたが、普段の生活を「ケ」の日、祭礼や年中行事などを行う日を「ハレ」の日と呼んで、日常と非日常を分けて考えていたのです。

食糧の乏しかった時代、「ケ」の日に頂くのは慎ましく質素な食事で、ご馳走は「ハレ」の日だけに許されるスペシャルメニューだったようです。

それに比べて現代は、まさに「飽食の時代」といわれ、お寿司や天ぷら、すき焼き、ステーキなど、どんなご馳走もかなり手軽に食べられます。

すっかり贅沢な食生活に慣れた私たちですが、年齢を重ねるごとに食欲は衰え、ボリュームたっぷりの食事にもあまり魅力を感じなくなってきたのではないでしょうか。それでも、メリハリの乏しくなりがちな老後の生活で、食生活の持つ意味は大きいもの。季節感のある食事やイベントに合わせた料理を楽しむことで、生活の充実度も変わってきます。たまの「ハレ」の日には思いきってご馳走を堪能するといったライフスタイルは、マンネリになりやすいシニアの生活に格好のアクセントをつけてくれます。

ただ、子どもが小さい頃と違って、やたらに行事料理に時間をかけるのは負担が大きすぎます。無理をしてまでたくさんの料理を作る習慣は、定年世代になったらもう卒業した方がいいでしょう。

そこで、おすすめしたいのが「ハレ」の日の外食やお取り寄せです。

よく外食をする人もいますが、シニア世帯の外食頻度は決して多くはありません。今でも「外食は贅沢」「外食は不経済」といった先入観があるせいか、または外出を面倒に感じるのか、どうしても家庭での食事が多くなるのでしょう。

でも、冷静に考えてみると、実は外食の方が合理的で経済的という分析もあるのです。

たとえば、料理に必要な材料費や光熱費、食材のムダや調理の手間などをトータルで考えると、家での食事が経済的とは言いきれませんし、ましてや手間も費用もかかる「ハレ」の日の食事ならなおさらです。

実際に調理をする人なら、食後の食器洗いを考えただけでも、外食のメリットはよくおわかりでしょう。それなら、「ハレ」の日に限っては、純粋に**食事だけを満喫できる外食の方がずっとリーズナブル**ではないでしょうか。

さて、「ハレ」の日の代表格といえば、お正月のおせち料理ですね。家族や親戚などが集まり、その家庭に伝わる料理を囲むという風習はすばらしいものですが、おせち作りにはかなりの時間と手間がかかります。

そこで最近は、完成品をお取り寄せする家庭が多くなり、少人数用のミニおせちから、老舗の料亭が手がける豪華なお重まで、さまざまなおせちが販売されているそうです。

要は、料理にかける時間を余裕の時間にするわけです。このように、誰もが負担を感じない「プチずぼら食生活」こそが理想といえるのではないでしょうか。

「時短」でプチずぼら

少し前まで、手抜き料理はダメな主婦の代名詞のようにいわれていましたが、最近では合理的な家事のやり方を表す新語が誕生して、スピード料理に対する後ろめたさもすっかり影を潜めました。

その魔法の言葉が「**時短料理**」。

「時間のかかる煮込料理や面倒な下ごしらえもスピーディにすませれば、その時間を有効利用できる」と、主婦が考え出したこの料理法はあっという間に広がり、今では年配の主婦でも時短料理の愛好者が少なくありません。

なかには「時間がたっぷりある定年後ぐらい手間をかけて料理をすればいいじゃないか」という意見もあるようですが、長時間台所で立ち仕事をするのは、年配になるほどつらいもの。負担の多い家事は「時短」でスマートにこなす方が合理的でしょう。

時短で料理を作るにはちょっとしたコツもありますから、ポイントを押さえて要領よくこなしましょう。たとえば、

「調味料はあらかじめ作って、常備しておく」

「野菜は何種類かまとめて下準備をする」

「食材は冷凍食品や缶詰もうまく取り入れる」

「かたまり肉を利用して、料理によって使い分ける」

「野菜や肉は小分けに冷凍保存しておいて、使う分だけその都度解凍する」

「肉や魚の味付けはビニール袋の中ですませて、洗い物を増やさない」

など、どれもちょっとした工夫ですが、慣れると時短の効率が変わります。

また、みじん切りにしてフライパンできつね色になるまで炒めた玉ねぎやパラパラになるまで炒めたひき肉など、半調理ずみの食品を小分けにして冷凍保存しておくととても便利です。

時間を省いてもおいしさの変わらない時短料理は、知恵を凝らした賢い調理法といえるでしょう。

また最近では、「ほったらかし」を売りにした調理器具が注目を集めています。

長時間の煮込み料理には以前から圧力鍋を使っていた人も多いと思いますが、最近人気があるのは、「電気圧力鍋」という調理器具です。

この鍋のイメージは、炊飯器を駆使してさまざまな料理を作るような感じ。普通、このタイプの調理器具には大量向けのものが多いのですが、これには独身生活を想定した少量サイズもあり、老後の食生活にもちょうどの分量です。

製品の説明ページを見ると、材料と調味料を入れてスイッチを押すだけで、しっかり味がしみ込んだ煮込み料理ができるそうですから、これはプチずぼらクッキングにもぴったり。手間がかかる料理が指一本でできるとなれば、プチずぼら族の御用達になりそうです。

「煮物は毎日でも食べたいけれど、作るのがしんどい」「夏は台所が暑いので、煮ものは減りがち」という人にも、このほったらかし調理器具は新しい選択肢のひとつになるかもしれません。

「作り置きおかず」でのんびり

ここ数年、クッキング本の売れ筋ランキングで必ず上位に入っているのが、**「作り置きおかず」**のレシピ集です。

もともとは、ダイエットのために考案されたレシピ集でしたが、働く主婦の間で作り置き料理の便利さが評判になり、今では、自宅の冷凍庫にたくさんの作り置きおかずを用意している人もいるということです。

そうして共働きの主婦のために考えられた作り置きおかずは、体力の衰えた高齢者にとっても家事軽減の役に立つはずです。

もちろん料理の大好きな人にとっては余計なお世話かもしれませんが、毎日の献立を考えたり、長時間台所に立つのがつらいという人にとって、作り置きおかずが便利なツールになることは間違いないでしょう。

実は、昔からどの家庭にも「常備菜」というものがあって、つくだ煮や漬物、ひじきや切干大根など、食卓には日持ちのするおかずが用意されていました。

その状況が変わったのは、大型の冷蔵庫や冷凍庫が普及して、食品の保存状況が飛躍的によくなったためでしょう。それまで日持ちのする味の濃い常備菜がメインだったのが、今では普段のおかずと変わりない、おいしい作り置きおかずが定番になっています。

作り置きのおかずというと、それだけで完全な一品料理になるものと思いがちですが、素材を茹でたり揚げたりしただけの半調理品も使い勝手がいいので、大いに利用してください。

また、非常に重宝するのが、炊き込みご飯や牛丼などのご飯ものです。これにお吸い物をつけただけで立派な一品料理になるご飯メニューは常備しておくと助かります。

特に保存したチキンライスに出来立てのオムレツをのせたオムライスは、
大人にも子どもにも喜ばれるおいしさです。

公的書類も自宅で手続きOKの時代

パソコンやスマホなどのＩＴ技術を上手に使いこなすことは、今や常識。というよりも、シニアにこそ活用してほしいのです。

好奇心を持ってどんどん新しい情報を取り入れ、工夫しながらそれを使いこなしていく人に老化という言葉は似合いません。

新しいものを吸収しようとする意欲こそが若さの秘密ですから、ＩＴと仲良く生活していくスマートシニアは、老けている暇がないのです。そして、何よりもいいのは、ＩＴを活用することで生活が驚くほど便利になることです。

たとえば、わざわざ役場までもらいに行っていた証明書が家で申請できたり、郵送でお願いしていた住民票の写しがパソコンでできたりと、昔では考えられないサービスが揃っているのですから、これを使わない手はないでしょう。

定年退職をした人には関係ないと思われがちな税金の確定申告ですが、家賃収入のある人や講師をしている人、株取引をしている人や家の修理や増築をした人など、申告の必要な人は意外に多いものです。

電卓片手に申告書を書いたことのある人ならわかるでしょうが、今と昔の申告は全くの別物で、数日かけて作るのが当たり前だった申告書が今ではほんの2~3時間でできるのですから、驚くばかりです。

自治体によって若干異なりますが、たとえば、住民票記載事項証明書や住民基本台帳カードによる転出届、印鑑登録証明書や固定資産評価証明書などはマイナンバーカードさえあればいつでも自宅で申請でき、時間も労力も大幅に軽減できます。これこそ、ずぼら派にはありがたいですね。

特にシニアになると、足腰や膝の痛みや体調不良によって外出が困難な状況や家で静養したいときもあり、時間をかけて外出しなくてもいいシステムは大助かり。それぞれの市によってサービス内容は違うので、地方自治体のホームページを見ておくといいでしょう。

面倒な買い物はネットにまかせて

時々、スーパーで大きなトイレットペーパーのパックやペットボトルの飲料水を抱えている年配の人を見かけると、つい「かさ張るお買い物や重い飲み物は、ネットで買われた方が便利ですよ」と、声をかけたくなります。

もちろん、ショッピング自体を楽しんでいる人には余計なお世話でしょう。

でも、買うものが洋服や食品のように好みを反映するものならともかく、トイレットペーパーや飲料水では、多少の価格差はあっても製品のクオリティはほぼ均一でしょうから、大きな荷物を抱えたり、バッグの重さに耐えてまで店に出かける意味はあるのだろうかと考えてしまいます。

ましてシニアに付きものの足腰の痛みや、なかなか消えない疲労感を考えると、ぜひスマートシニアになって買い物も合理的にしてほしいと思うのです。

実際、ネットで日用品を定期購入している人の話を聞くと、「うちはマンションの3階でエレベーターがありませんから、階段で荷物を運ぶのが大変だったんです。でも、ネットで配達をお願いしたら、玄関先まで持ってきてくれるでしょ。お値段も良心的だし、今では重い日用品はほとんどインターネットで頼んでいます」とのことでした。

この人のお話で印象に残ったのは、「突然ベランダの物干し竿がポッキリ折れて困ったときも、すぐアマゾンに頼んで次の日には届きましたからね。こんなにかさの高いものこそネットの出番だと、改めて見直しましたよ」という言葉。

昔なら店まで行って配達してもらうか、誰かに手伝ってもらうしか方法のなかった買い物も、パソコンや携帯電話からクリックひとつで届くのですから、プチずぼら派にとっては実に便利です。

いずれにしても、生活を快適にしてくれるツールなら、積極的に試してみる価値はあるでしょう。

お金を使わずに中古品を処分する

「買ったときは高かったけれど、もう何年も着ていない着物や洋服、バッグやアンティーク小物など、今では不用になった品物をどうしようか」

このように、不用品の処分を考える人も多いでしょう。

ところが、いざリサイクルショップに持っていくと、まさに二束三文という値段でがっかり。それどころか、なかには引き取ってもらえないケースもあるようで、結局は泣く泣くゴミの日に出したという人もいるかもしれません。

最近は「中古品をあげます・譲ります」といった地元の情報を無料で載せてくれるインターネット掲示板があります。いわば年中開いている地域のバザーのようなもので、賢いシニアなら、これはチェックしておきたい情報です。

たとえば、独立した子どもが使っていた家具や本を誰かに譲りたいとか、来月生まれる予定の孫にベビーベッドを用意してあげたいという希望があれば、このような掲示板を利用するのもひとつの方法です。

同じインターネットの掲示板でも、広域版ではなく、自分の住む町かその近隣に限定したものであれば、譲り受けや引き渡しが簡単です。もちろん、受け取る人が車を出すのか、謝礼はどうするのかなど、それなりのルールがあります。

今は家電や家具も捨てるのにお金がかかる時代ですから、近くの人が気持ちよく使ってくれるなら嬉しいではありませんか。特に冷蔵庫や洗濯機など、まだ使えるものを買い替えする場合は、近隣の方にもらっていただくのが一番です。

また、インターネット以外にも市町村の広報誌などで、「あげます・譲ります」の地域サービスを掲載しているところもたくさんあります。

これらのサービスを活用すれば、**お金を使わずに暮らしを快適にすることも可能**ですから、一度試してみるのもいいでしょう。

シニアの足を支えるスクワットの底力

スクワットは、シニアでも無理なくできる運動としてよく知られていますが、最近は単なる筋トレだけでなく、さまざまな健康効果のあるエクササイズとして、注目されています。

下半身の筋力アップやダイエット効果を期待して、スクワットを始める人が多いと思いますが、それに加え、最近では大腸の蠕動《ぜんどう》運動を促進して便秘を解消し、尿モレ予防にも効果的だということがわかってきました。

たしかに、こうした健康効果も大事ですが、スクワットの本来の目的は、足腰の筋力を鍛えて一生自分の足で歩けるようにすること。一見あまりハードな動きに見えませんが、実際には、大腿部にかなりの負荷がかかるため、トレーニング効果は十分期待できます。

また、全身の筋肉の七割が集まっている足腰の太い筋肉を刺激することで、それに対応する脳の部分も刺激されるといわれています。

もともと「脚は第2の心臓」といわれるように、脚の筋肉は心臓から送り出された血液を心臓へ再び戻すポンプの役目を担っています。しかも、それが脳と結びついているなら、ますます足の筋肉が重要になるわけです。

年齢とともに自然と筋力は衰えていきますから、シニアになったら、ぜひ足腰の筋肉は鍛えておきたいものです。でも、ハードな運動は、体への負担が大きすぎて長続きしないかもしれません。

そこで、おすすめしたいのが、雨でも真夏日でも天候に関係なく、室内で気楽にできるスクワットなのです。ちょっとした時間を利用して、気が向いたときに何度でもできるので、毎日少しずつでも習慣にすることをめざしましょう。

しかし、せっかくスクワットを始めるのに基本姿勢が間違っていたのでは、健康効果が発揮できないばかりか、足腰に負担がかかって腰痛を招くこともあります。

そこで、スクワット初心者の方は次の手順を参考にトレーニングを始めてみてください。

①姿勢と腰の下ろし方

肩幅くらいに足を開いて立ち、グラグラしないような体勢をとります。

足先はほんの少し開く感じで、ここから腰を落としていきますが、上半身を前に倒すのではなく、腰を真下に下ろすようにして落としていきます。

「腰を真下に下ろす」が大事なポイントなので忘れないようにしましょう。

②姿勢と膝の位置

腰を下ろしていく途中で、どうしても上半身が前に倒れていきますが、その姿勢では効果がなくなってしまいます。上半身はできるだけ起こしたまま、腰を真下に下ろすことが大切です。

このとき、自分の膝が足のつま先より前に出ないよう注意します。膝が前に倒れてつま先より先に出てしまうと、足首を曲げていることになり、足首に負担がかかります。膝が出ていい位置は、つま先と同じところまでです。

③姿勢と腰の下げ位置

腰を下ろす位置は、膝の角度が90度近くになるところです。はじめは難しくても、だんだん慣れてきますから、気にせずゆっくりと90度をめざして腰を落とします。

もし90度にならなくても大丈夫。スクワットの正しい姿勢をマスターするまでには少し時間がかかるかもしれませんが、一度できるようになると難なくこなせるので、のんびりトレーニングを続けてください。

運動を途中でやめてしまう原因のほとんどはがんばりすぎるからで、あくまでも「プチずぼら」の精神を忘れずに、ゆるゆるのペースでやるのが長続きのポイントです。

歯を磨きながら、テレビを見ながら、台所に立ちながら、好きな音楽を聴きながらなど、自分のスタイルで生活にスクワットを取り入れるのがおすすめです。

はじめは5回でも6回でも少ない回数からだんだん増やしていけば、すぐに20回くらいは楽々こなせるようになるでしょう。

出不精の人に格安バスツアーはぴったり

新聞を見ていると、1万円以下で行ける日帰りバスツアーが大人気のようで、いろいろな旅行会社からたくさんのコースが企画されています。

バスに乗ってしまえば、あとは食事も観光施設の手配もほとんどおまかせ。バスでのドアツードアの移動は、駅の階段の上り下りに苦労することもなく、とても楽です。足腰に不安がある人でも、それほど支障なく出かけられるのではないでしょうか。

また、仕事を引退したシニアは平日でもどんどん出かけられます。平日は観光地も途中の道もすいていていて、ゆっくり旅を楽しめるのです。

遠出は面倒だと感じるようになった人、出不精なプチずぼら派の人でも、大金もかからず、人まかせで、体にも楽なバスツアーなら、安心して楽しめるのではないでしょうか。

「そうは言っても、一緒に行く人がいないと、一人じゃ……」と嫌がる人もいるかもしれませんが、心配はいりません。参加してみると、一人で来ている人の多さにびっくり。そういう人も一人で参加していることを気にしていたりするので、話しかけてみるのもいいでしょう。そんな新しい出会いは、きっと刺激になるはずです。

また、宿泊型でない日帰りツアーでしたら、一日の終わりには、わが家でのんびりお風呂に入れます。ほどよい疲れと幸せな気持ちで、その夜はぐっすり眠れるでしょう。

このようなバスツアーの中には、一泊二日、二泊三日の企画もいろいろあります。日帰りツアーに慣れてきたら、宿泊型を選んで、だんだん遠出してみるのもいいと思います。

ショッピングセンターで「ずぼら散歩」

暑すぎたり寒すぎたり、天気の悪い日などは外出がおっくうになり、家にこもりがち。そんなときは、大型ショッピングセンターに出かけてみてはどうでしょうか。

一人老後のある女性は、ときどきショッピングセンター内の散歩を楽しんでいるとか。

「とっても楽なんです。夏はクーラーが効いているし、冬は暖房が効いています。雨の日でも、傘をささずに歩けるでしょう。それに、駅からの無料送迎バスもあるんですよ」

と笑って話してくれました。

ショッピングセンターなら、お天気に関係なく楽しめるというわけです。

一軒一軒のお店をゆっくり見ながらぐるりと歩けば、楽しみながら運動にもなるでしょう。

休憩用のベンチやイスもあるので、疲れたときには、すぐに腰を下ろせて助かります。

さらに、さまざまな商品を見ていると、「こんな新商品が出た」「今年はこれが流行しているんだ」などと新しい情報も入り、目が肥えるでしょう。

また、店の人に話しかけることもあるので、会話の機会が少ない人にとっては、そのやりとりがボケ防止にとても効果があります。

のんびりと散歩ができる大型ショッピングセンターは、シニアの外出先としておすすめの場所といえるでしょう。

「お金持ち」より「時間持ち」

新卒社員のアンケートで「給料を何に使っているか」といえば、預金。老後や病気などに備えてだとか。入ったお金をすべて使ってしまうのは心配ですが、若いときにしかできないことをせずに、「老後の預金」に励むのでは、なんだか寂しいですね。

一方で、シニア世代は、普段から地道な暮らしをしていれば、出費はある程度は抑えられるものです。食事も若いときのようにたくさんの量を食べられませんし、若者のように流行を追いかけることはないと思います。

定年後は、現役で働いていたときよりも金銭的には厳しくなるでしょうが、ほとんどの人は、それほど悲観的に暮らしていません。というのも、人生を豊かにする、お金以外の要素、すなわち「時間」をたっぷり持っているからです。つまり、自由に使える時間を持つことが、人生を豊かにしてくれるわけです。

たとえば、自治体から取得したシルバーパスを利用して出かけ、楽しんでいるシニアがいます。

東京都のシルバーパスを持っていて、都バスや都営地下鉄が無料になるので、うまく乗り継いで「都内の旅」を楽しんでいます。とりわけバスの旅の場合、窓外の景色ばかりでなく、車内の模様をあれこれと眺めていると、まったく飽きないそうです。

また、自宅を長期間にわたって知り合いに貸してしまい、自身はキャンピングカーで全国を巡っているシニアもいます。必要な荷物だけを積み、その日の気分で、走りたいところを走るという気楽なドライブです。気に入った土地があれば、その地でしばらく滞在しているのです。

このように「お金」より「時間」を大切にするのも老後の楽しみ方です。

第3章

プチずぼらで脳をイキイキ

ほどほどウォーキングで大丈夫

日本初の歩数計が発売されたのは今から60年ほど前でした。その当時、1週間に7万歩歩くと健康増進に役立つというハーバード大学の研究結果があり、それを元に、厚生省がキリのよい1日1万歩にして大々的な健康キャンペーンを行ったのが始まりで、歩数計も「万歩計」とネーミングされたことで「1日1万歩」が合言葉のように広まったようです。

ところが、それから60年たった今、「1日1万歩の運動量は多すぎる」という専門家の報告があり、これまで毎日1万歩をめざして歩いてきた健康志向の中高年にも少なからずショックを与えました。

研究によると、「運動のしすぎはかえって逆効果で、健康効果がないどころか免疫力を下げるリスクがある」ということですから、「過ぎたるは及ばざるが如し」の諺どおり、歩けば歩くほど体にいいというのは、残念ながら間違いだったようです。

特にシニアの場合は、歳とともに関節や腰など弱い部分に痛みが出たり、無理なウォーキングで足の筋肉や靭帯を痛める場合がありますから、ある程度の年齢になったら、まずは自分の体をよくチェックして、きちんとメンテナンスする必要があります。

スポーツ医によれば、一説として「**中高年の望ましい運動は1日合計8000歩程度のウォーキングと20分程度のストレッチや筋トレ**」ということです。これを目標値としてあまり疲れない程度に体を動かせばいいでしょう。

若い頃からトレーニングを積んだアスリートならまだしも、歳をとってからハードな運動に励むと、骨折やねん挫などのリスクが高くなります。そのためにも、運動前後のストレッチは、ずぼらではなく、必ずやるようにしてください。

プチ瞑想で気分スッキリ

ひと昔前までは、瞑想というと禅宗のお坊さんやヨガの行者《ぎょうじゃ》がするものというイメージがありましたが、近年アメリカでは「マインドフルネス」という新しいスタイルのヨガが登場。これがエリートビジネスマンや都会のインテリ層に受けて、一気に全米へと広まりました。

当然のように、このトレンドは日本にも伝わって、東京など大都会ではいくつかのヨガジムがオープンして、人気を集めているようです。

この瞑想法がこんなに早く一般社会に浸透したのは、難しい理屈や厳しい修行抜きで心の平安や精神の安定が得られるところ。いわば、ヨガの「いいとこ取り」が受けたのです。

それなら、「老後はプチずぼらモードで行こう」をコンセプトにしている本書で、おすすめしないわけにはいきません。
気負わずにプチ瞑想にトライするなら、次のようなやり方がいいでしょう。

①畳や床の上であぐらをかき、背筋を伸ばします。
②座ったまま30回ほどゆっくり腹式呼吸をします（難しい人は胸式呼吸でOK）。
最初に息を吐き切って、そのまま2～3秒息を止めてからお腹いっぱいに息を吸います。息を吸うときは自然に、吐くときはゆっくりと。
③両手はハスの花のような形にして両膝の上に置くか丹田（下腹）に置きます。
④体の力を抜いて目を半開きにし、意識を眉間のあたりに集中します。
無理に「何も考えないようにしよう」と思うと、かえって雑念が湧いて集中できなくなるので、ぼんやりした気分でいましょう。

もし、いろんな考えが湧いてきても「雑念があって当たり前」「気にしない気にしない」と、一休さんの心境でいきましょう。

⑤30分ほどして気持ちが落ち着いたら瞑想を終えます。

ただし、時間は厳密に決めず、何十分でも好きなだけやればいいのです。

⑥最後に3回ほど大きく深呼吸してから思い切り背伸びをします。

プチ瞑想を終えると、心が軽くなったりスッキリとした気分になったり、心と体がリラックスしていることに気づくでしょう。心身ともに固くなっている人は、ヨガの前後に5分ほどでいいので、ストレッチをすると一層効果的です。

最近は研究が進んだ結果、瞑想にはストレス性胃腸炎や頭痛、高血圧や不安障害などの精神障害、うつ病や自律神経失調症などに対して、改善効果があることがわかってきました。瞑想は何にでも効く万能薬ではありませんが、私たちに必要な「**脳の休息**」を確実に与えてくれる、最強のヒーリングです。

さらに最新の情報として、瞑想には記憶力を向上させる効果もあることがわかったのですから、高齢者には見逃せません。

しばらく瞑想を続けていれば、素早く心が安定するようになって、パニックになるのも防げます。自然に心身を癒してくれる気軽な瞑想は、プチずぼら派としては見逃せませんね。

お風呂でまったりホットヨガ

ここ数年、美容と健康を気遣う女性の間でブームになっている「ホットヨガ」をご存じでしょうか。室温が39度前後、湿度は60％程度の暖かい室内で行うヨガですが、この環境で体は柔軟になり、発汗も促されるため、ダイエット効果やデトックス効果も高まります。

高温多湿な環境でのヨガは、むくみの緩和や冷え症の改善、アンチエイジングや美肌づくりにも効果的だというので、最近では高齢者にも愛好家が増えはじめ、ブームは年々広がっているようです。

ホットヨガはたっぷり汗をかいて代謝を高め、体内の老廃物を排出することもできますから、普段汗をかく機会の少ない中高年にもぴったりなのです。

そこで、**お風呂を利用して、簡単にホットヨガ**を始めてみませんか。

お風呂では肩まで浸かるのではなく、腰湯の要領で下半身をお湯につけながら、ゆっくり無理をしない程度にヨガのポーズをとります。

初心者におすすめなのは、「ねじりのポーズ」で、座った姿勢で片足を伸ばし、もう一方の足は片膝を曲げた状態で、ゆっくりと上体をねじります。ねじることで背骨を矯正し、柔軟性を高めるこのポーズは、背筋をピンと立てて伸びやかなラインをつくるのがポイント。

ゆっくりとした動きで運動量も少ないヨガですが、2～3分続けるだけで結構汗をかきますから、お風呂から出たときの爽快感もひとしおです。出かける手間もなく、のんびり、プチずぼらにできる軽い運動です。

ただし、動くときはすべらないように足元に注意して、入浴後には冷たすぎない飲み物を飲んで脱水を避けましょう。

安眠のためには眠る1～2時間前に入浴するのがベストですから、そのタイミングを逃さないでください。

落ち着かないときに「腹を据える」

「腹を決める」「腹が据わる」「腹を割る」「腹を括る」「腹に収める」など、腹の付く慣用句はたくさんあります。

新渡戸稲造が書いた『武士道』の中には、「腹部には人間の霊魂と愛情が宿っている」という一文があります。「腹」とは、下腹にある「丹田」という部分を指していて、「腹が据わる」というのは、この部分が落ち着いた状態を表す言葉です。

柔道や空手、禅や気功などの鍛錬でも、まず習得するのは丹田に「気」を通す呼吸法で、これがすべての武道に共通するセオリーでもあるので、そのエッセンスだけでもぜひ学んでおきたいものです。

何年間もの修行はできなくても、その基本である呼吸法は真似ることができますから、一度身につけておけば、いざというときに安心です。

たとえば、初対面の人と会うときや仕事の面接に出かけるとき、健康診断に出かけるときなど、ちょっと緊張する場面では、丹田を意識した呼吸法で腹を据えてみてはどうでしょうか。いくつかのポイントを押さえれば簡単にできます。

姿勢は立ってでも座ってでも寝てでも、自由なスタイルで、下腹に軽く両手を置いて、丹田を意識しながらゆっくり呼吸をします。素早く深く吸って、長くゆっくりと息を吐き切るようにすること。吸う息より吐く息を意識して、丹田で息を出し入れしているようなイメージを浮かべます。ゆっくり息を吐くのが苦しいときは、心の中で1、2、3、4と数えながら吐くと、スムーズに呼吸できます。

この方法で息を数えると、、夜なかなか眠れないときや人ごみで気分が悪くなったときなど、スッと気分が楽になります。

どうにも気持ちがモヤモヤしたときには、あせらず「自分には秘密のレスキュー法がある」と言い聞かせるだけでも、驚くほど腹は据わるものです。

気軽にできる「平常心」の整え方と思ってください。

童心に返って脳のアンチエイジング

日本の認知症患者は2025年には約700万人を超えるといわれており、65歳以上の5人に1人が認知症になるという予測もあるほどです。

ところで、高齢者の中には、時々「最近の出来事はすぐに忘れてしまうのに、幼い頃のことは今でもハッキリと覚えている」と言う人がいます。

これは脳に何も問題のない人にでも起こり得ることですが、認知症による記憶障害によって引き起こされる現象でもあるので、注意が必要です。

このように何十年も前のことや子ども時代の記憶は忘れず、昨日のことや数時間前のことはすぐ忘れてしまうという現象は、実は忘れてしまっているのではなく、覚えられなくなっているのです。

記憶には長期記憶と短期記憶があって、自分が見聞きしたことの中から脳が自動的に必要なものとそうではないものを分別します。必要なものだけを覚えて保管用の引き出しにしまい込むわけです。ここにしまい込まれたものは長期記憶となっていつまでも忘れられないと同時に、いつでも思い出すことができます。

ところが、加齢で記憶する力が弱くなると、ごく最近のことが覚えられなくなってきます。実は、思い出せないのではなく、短期記憶で覚えておくことができなくなってくるのですが、これが「最近のことはすぐに忘れて、昔のことはよく覚えている」という脳のメカニズムです。

では、短期記憶の機能を高めるためにどんなことをすればいいのかというと、大抵の人が思いつくのは、パズルを使った脳トレや新しいことへのチャレンジではないでしょうか。たしかに初めてのことに挑戦したり、活発に脳を動かしたりするのも大切ですが、実は心の奥にある「思い出」を呼び覚ますことが、とても効果的な脳の刺激になるのです。

認知症で家族の呼びかけにも無反応な人が、昔聴いた童謡を耳にしたときだけは嬉しそうに歌を口ずさむということも珍しくありません。

これは幼い頃に体験して記憶に刻まれた記憶が長期記憶となって定着したもので、大切な思い出は大人になってもずっと脳の中に留まっています。

しかも、小さい頃の思い出は映像や音、匂いや感触といった五感に訴えるものが多いので、いつまでも色あせることなく残っているのです。

脳を若々しく保つには、記憶の引き出しを時々開けて、昔感じた感覚をリアルに思い出してみるといいでしょう。

こう言うと懐古趣味のように思う人もいるでしょうが、幼年期の瑞々しい感覚を取り戻して、自分の感性をリフレッシュするのも大事なことなのです。

特に脳トレという意味では、夜寝る前に記憶を呼び起こし、ゆっくり噛みしめるように味わうのがおすすめです。

実際、認知症の進行を遅らせ、精神的な安定を図る療法のひとつに「回想法」がありますから、その効果は実証済み。

自分の人生を肯定的に捉え、自信を取り戻すのにも有効な「回想法」で、プチずぼらなやり方で脳のアンチエイジングにトライしてみてはいかがでしょう。

スポーツのラジオ中継で脳を活性化

昔はラジオがもっと身近でしたが、今ではラジオそのものを持つ人が減り、ラジオ中継を聴く人の数も減少の一途をたどっているようです。そんななか、ぜひラジオを聴いてほしいのが50歳代以降のシニア層なのです。なぜなら、実はこの「スポーツのラジオ中継」を聴くことが、脳の活性化に大変役立つからです。

たとえば、プロ野球で選手がバッターボックスに立って肩をまわしたり素振りをしたりしていても、目で見ている分には脳が働く余地はありません。

ところが、ラジオ中継なら話は別です。

「いよいよ代打の出番です。おや、今日の○○選手は気合が入っていますね。紅潮した顔をパンパンと叩いてから、鋭い眼差しで投手をにらみつけています」

「ここはなんとしても1点欲しいところですからね、その気迫が放送席まで伝わってきます」

などというナレーションがあれば、選手の緊張した様子や闘志に満ちた表情などを思い浮かべるために、脳はフル回転しなければなりません。脳は頭の中でイメージを作り上げ、それを映像化するため活発に働くわけですが、これが最高の「脳活」になるのです。

テレビでは目で見た情報をそのまま受け取るだけですが、自分自身で思い描いたイメージは無限に膨らませることができます。

さらに選手がヒットを打てば、

「打った！　どんどん打球が伸びています。どうだ、入るか!?　おお入った、逆転ホームランです」

などとアナウンサーが熱のこもったコメントを送り、球場全体を包む興奮や熱気まで伝えてくれるのですから、描いたイメージもますますリアルに感じられるでしょう。

このようにアナウンサーの言葉から受けた刺激を脳で具体的なイメージに変換する作業は、素晴らしい脳トレーニングになります。しかも、それが楽しいことであれば脳活の効果も倍増します。

たしかにテレビは便利なものですが、あまり頼りすぎると、せっかく私たちが持っている想像力を萎えさせてしまうこともあります。

その点、じっくり**ラジオに耳を傾けてみるだけで脳を活性化できる**のですから、プチずぼら派にとってはありがたいことですね。

手軽に大地のパワーを取り入れよう

私たちはよく「地に足のついた生活」という言い方をしますね。

インド生まれのヨガは世界中で定着していますが、心の安らぎを取り戻させる「アーシング」という言葉も、今では一般に浸透しているようです。

「アーシング」のアースは文字通り「大地」の意味で、地に足をつけて地球の生命力とエネルギーを自分の中に取り入れることです。

大地の気を取り込むアーシングといっても、ヨガのように特定のポーズや呼吸法があるわけではなく、足の裏から気を吸い上げるイメージを持つだけです。素足で両足を大地につけて、足の裏で地球のエネルギーを感じることですから、アーシングは野外でやるのがベスト。

最高のロケーションは海辺の砂浜で、そこを素足で歩くのが理想ですが、それは現実的ではないので、とりあえず小さな公園でも河原でも、まず素足で地面に触れられる場所を見つけてください。

地に足をつけたら、足の裏から大地の気を取り入れるつもりで、地球との一体感を楽しみましょう。足元から地球とつながる感覚を覚えると、「大きな安心感に包まれる」という人が多いのも、アーシングの魅力を物語っています。

たとえば、ネガティブな気持ちになったときも、それをアースするつもりで足の裏から大地に流せば、気分がリフレッシュします。

アーシングは瞑想の入門編としてもぴったりです。瞑想という枠にとらわれず、どこでも地面があるところで素足になればできるので簡単です。

また、地面にあぐらをかいて尾てい骨のあたりから気を取りこむ方法もおすすめです。

アーシングは、いつでもどこでもできる手軽さが魅力。プチずぼら派なら、

足の裏で土の感触を楽しむだけでも心身のデトックスになりますから、ぜひ
試してみてください。

ずぼら人間でも簡単な名曲セラピー

音楽にもジャズやポップス、演歌や民謡などさまざまなジャンルがありますが、最も高いリラクゼーション効果があるといわれるのがクラシックです。私たちはポップスや歌謡曲など歌詞のついた音楽を聴くと、どうしても言葉の意味に反応してしまい、完全に脳を休めることができません。

ところが、クラシックなら歌詞に気を取られず旋律に集中できて、より音楽に没頭できます。また、**クラシック音楽には脳波の中のアルファ波を誘発して、精神を落ち着かせるという効果**もあります。

アルファ波は、心がリラックスして安定した精神状態のときに出る脳波で、免疫力の強化やストレス解消など、いろいろと健康効果をもたらしてくれます。

しかし、クラシックにまるで興味のない人にとっては、どんな曲を聴けばいいのかわからないでしょう。もし何の知識もなく初めてクラシックを聴くとしたら、初心者でも親しみやすいモーツァルト作曲の音楽がおすすめです。モーツァルトの曲は、神経系を刺激する高周波音を多く含み、癒し効果が特に高いといわれています。

クラシック音楽だからといって別に緊張する必要はありませんから、肩の力を抜いて、ゆったりした気持ちで音楽に浸ってみてください。

音楽セラピーとしてクラシックを聴く場合は、曲に集中できるようヘッドフォンを付けた方がいいかもしれません。

リラックス効果を期待するなら、アルファ波を出しやすいショパンやヨハン・シュトラウス、ビバルディなどの名曲はいかがでしょうか。

これまでクラシック音楽とは無縁だった人も、新しい趣味との出会いは脳の活性化にもつながりますから、ぜひ聴いてみてください。

いい音楽は心のリハビリにもなります。疲れたときには名曲セラピーで気分をリフレッシュできるとなれば、プチずぼら派にとっては嬉しい話です。

笑顔になるだけで脳の若さを保てる

笑うことで免疫力が上がったり、ガンが縮小したり、「笑い」の効能が次々に解明されると同時に、医療の場でも「笑い」に対する関心が高まっています。

笑いによって細菌やウイルスを攻撃する細胞が活発になることは前から知られていました。さらに最新のデータでは、脳がリラックスすることや、大脳の血液が増加して脳の働きが活発になることもわかり、**笑いが脳の若返りに一役買っていることが証明されています。**

また、認知力の低下したシニアで笑いの影響を調べたら、日頃ほとんど笑わない人は、毎日笑う人と比べると2倍近いスピードで認知力が低下したというのですから、これは見過ごせません。いつまでもクリアな頭脳で老後を乗り越えようと思ったら、まず笑顔で暮らすことが基本といえそうです。
ただ「笑う」といっても、にっこり静かに微笑むような笑い方では、健康上のメリットはあまりありません。アンチエイジングを意識して笑うなら、お腹の底から大声で笑い、声を出すのがポイントです。

静的な笑いと比べて動的な笑いは、深呼吸や腹式呼吸と同じくらいたくさんの酸素を取り込みます。そのため、意識して大きく笑うと肺活量は増え、心拍数や血圧も上がって、体はまるで運動しているような状態になります。

一説によれば、1分間お腹の底から笑うと、10分間ジョギングをしたのと同じ効果があるといわれるほどですから、運動嫌いのプチずぼら派にもこれはおすすめです。

笑わない生活を続けていると、顔の表情筋も衰えて、だんだん老けた顔になってきますから、ご用心。脳と顔のアンチエイジングのためにも、ぜひ笑顔を忘れないようにしましょう。

アロマで不快な症状を吹き飛ばそう

いい香りをかぐとイライラした気持ちがほぐれたり、懐かしい香りで気分が落ち着いたりと、香りが私たちの精神に与える影響は少なくありません。脳科学でも香りの影響についての研究が進み、脳を活性化する力に注目が集まっています。

香りの刺激は嗅神経によって脳内に入ると、感情をコントロールする大脳に作用するのですが、五感の中で大脳内と直接つながっているのは嗅覚だけです。そこで、やる気を維持したり、感情を豊かにしたいと思ったら、香りの効用を上手に利用するといいと考えられます。

香りが「やる気」を高めることは昔からよく知られていて、戦国武将がお香で鎧に匂いをつけてから戦場に赴いたというのも有名な話です。

最近では、脳の活性や認知症予防にまでアロマが役立つことがわかり、さらに香りで物忘れが改善されるとも認知されて、注目度は高まっています。イギリスの実験では、朝には集中力を高め脳の覚醒作用のあるレモンやローズマリーを使い、夜にはリラックス効果のあるラベンダーやカモミールを使うと、認知症の初期症状が改善されたそうです。

アロマは薬品とは違い、副作用や体への悪影響がありませんから、安心して使えるのもいいところです。

ただ、人の嗅覚がピークを迎えるのは20歳代。年齢とともに鼻の奥にある匂いセンサーの細胞が減るため、嗅覚の感度も次第に衰えてしまいます。嗅覚の衰えが食欲不振につながることもありますから、注意は怠らないようにしましょう。

匂いセンサーを復活させるためには、とにかく匂いに敏感になること。身のまわりの匂いを意識しながらかぐこと。それだけで嗅覚の改善は可能です。

第4章

人間関係も「プチずぼら」でいこう

60歳を過ぎたら人間関係も気楽に

知り合いの女性に、「60歳を過ぎてよかったと思うことは何ですか？」と尋ねたら、屈託のない笑顔でこう話してくれました。

「そりゃあもう、わずらわしい人づきあいをしなくてよくなったことですよ。この歳になると、お愛想笑いをしてまでも人とつきあうのが面倒になってね。今は人間関係も省エネですませてます」

彼女によれば、盆暮れの贈り物や山のような年賀状に悩まされることがなくなっただけでも、定年後の大きな収穫だったとか。

このように仕事をリタイアした人は、それまで縛られてきたしがらみから解放されて、「ああ身軽になった」と喜んでおられるのですが、これは主に女性の場合で、男性で役職に就かれていた人はまた別の反応を見せます。

女性が季節の贈答品選びから解放されて喜ぶ半面、男性はお中元やお歳暮が届かなくなったことで自分の存在感がなくなったように感じて、ひどく寂しい思いをすることがあります。これは男性の高すぎるプライドが原因でしょうが、はっきり言って、不要なプライドは円満なシニアライフの妨げになります。

還暦には干支が一巡して生まれ直すのですから、それと同時に心もリフレッシュ。素直な自分に戻ってみましょう。

そうして**世間体や損得を考えずに自分の人間関係を見直してみれば、おのずとつきあいたい人とそうでない人が見えてくるはずです。**

やっとつかんだ自由な老後の人生で、無理をしてまで嫌な人とつきあう必要はないでしょう。八方美人はもうやめて、苦手な人とは距離を置けばいいのです。その代わり、本当に心を許せる人とはより深く密度の濃いおつきあいをすれば、生活の充実度も増します。

60歳を過ぎて大切なのは、友だちの数ではなく質です。選りすぐった友人と正直につきあえる老後こそ、値千金といえるでしょう。

余計な義理は「三欠く法」で大丈夫

夏目漱石は『吾輩は猫である』の中で、合理的な人づきあいについて「義理をかく、人情をかく、恥をかくの『三欠く』を実行すべし」と書いていますが、この言葉は中高年にこそふさわしい名言といえます。

本来は無駄な出費を控えて節約しようという意図でいわれたフレーズですが、むしろ老後の人間関係に当てはめる方がぴったりきます。やっと社会的な制約から離れて過ごせるようになったのですから、無理をしてまで人づきあいをする必要はないと思うのです。

社交的な性格で大勢の人と接するのが大好きという人なら、つきあいを避ける理由はありませんが、シンプルに生きたい中高年にとっては、建前だけのつきあいは負担に思えるでしょう。

もちろん、法事やお葬式のようになかなか避けて通れない場もありますが、60歳を過ぎた頃からは100％はおつきあいをしなくてもいいのではないでしょうか。

当主として家を継いだ場合などを除けば、親戚づき合いや冠婚葬祭も都合によってパスするケースも出てくるでしょう。

ある程度の年齢になると、友人や親戚を見送る機会も増えますが、ご葬儀のすべてに参列してお香典を包んでいたのでは、経済的負担も大きくなってしまいます。だから葬儀の場合、どこかで境界線を引いて、参加不参加を決めなければなりません。その基準はあくまでも自分の気持ちですから、どうしてもお見送りがしたいと思ったら、どんな遠方でも出向くのが自然です。

しかし、よほど縁の深い人の場合を除いては、弔電やお便りでお悔やみを申し上げるだけでも失礼には当たらないでしょう。

また、これは冠婚葬祭に招く側の手間や負担を軽くするという意味もありますから、単なる不義理とはいえません。

「大変なのはお互いさま」という考え方もありますが、若い頃はそれでよくても、歳をとると、招く側の負担も大きくなります。出向く方も迎える方も同様なのですから、お互いが「**気持ちだけ**」で簡素にすませても文句は出ないでしょう。

ただし、足を運ばなかったのなら、丁寧なお便りを差し上げるようにしましょう。セレモニーへの不参加を電話やメールですませたのでは、ちょっと軽すぎるかもしれません。

そして、義理を廃して人間関係を絞った分、本当に大切な人とのおつきあいについては密度を高めていけばいいのです。

老後のつきあいは「義理堅く」ではなく、「**自分の心に正直に**」。漱石の言う「三欠く法」を見習ってみてはどうでしょうか。

ギリギリ近所づき合いはキープをしよう

大都市ばかりでなく、地方の都市でも近所との関係は希薄になっているようです。「面倒だから」と、近所づきあいを放棄している人もいます。

ただ、昔から「遠くの親戚より、近くの他人」というように、いざというときに頼りになるのは地域社会の住人です。普段は地元のつきあいを無視していて、困ったときだけ助けてもらおうというのは、ちょっと虫のいい話でしょう。親密な関係を築くことはありませんが、最低限のコミュニケーションは必要です。

たとえば、一人暮らしの高齢者が大地震で自宅に閉じ込められたとしても、親しいご近所さんが誰もいなければ、その安否を心配して家を訪ねてくれる人も、行動を共にしてくれる人もいないわけです。

別に災害に備えて近所とつきあえというわけではありませんが、最初からつきあいを拒否せず、茶飲み友だち程度の仲間をある程度はつくっておくといいでしょう。

もし、定年まで働くのに精一杯で、近所づきあいをする時間がなかったというなら、地元の町内会や自治会に参加してみるのもよい方法です。

どの地域にも町内会や自治会のような地域住民のための組織がありますから、とりあえず会員になって、地域の行事やイベントに参加してみてはどうでしょうか。はじめは馴染めなくても、何度か顔を合わせているうちに気心も知れ、打ち解けてくるはずです。

なかには「友だち選びは慎重にしないと」と身構える人もいるでしょうが、そこはちょっとずぼらに、「下手な鉄砲も数撃ちゃ当たる」くらいに考えて、いろいろな人に気軽にアプローチすればいいのです。そうすれば、意外にコミュニケーションの道は開けるものです。

プチずぼら派の会話テクニック

「別に人とつきあうのは嫌じゃないんだけど、もともと話すのが苦手だから、すぐに会話が終わっちゃって、その後、白けちゃうんだよね」

こんなふうにつきあい下手を認めながら、「でもやっぱり友だちは欲しいね。この歳になったら難しいかもしれないけど、この歳だからこそ友人は必要だと思う」と、なんとなく人とうまく打ち解けられない悩みを打ち明けられたことがありました。これは職場での人間関係を失った定年後の男性にとても多いようです。

仕事ひと筋に働いてきた男性に、いきなりユーモアたっぷりに話せとか、洒落た冗談を言えとか要求しても、それは無理というもの。

まして、会社では役職にあって、部下や取引先にいつも頭を下げられていたような人は、会話の端々にもプライドが顔を覗かせて、相手を引かせてしまうのかもしれません。

「そう言われても困るけど、それじゃどうしたらいいの？」と聞かれたら、私なら「**聞き上手になりなさい**」と答えます。

会話は、話す人と聞く人がいて成り立ちますが、実は大部分の人が話を聞くより自分の話を聞いてほしい「話し好き派」なのです。

たとえば、カラオケで「自分で歌うより人の歌を聞く方が好き」という人が少数派なように、大抵の人は「誰かに自分の主張を聞いて理解してほしい。自分の話に共感してほしい」と思っています。

そのため、人の話をじっくり聞いてくれる人はとっても貴重。聞き上手の人なら、友だちづくりのチャンスもぐっと増えるはずです。

ただし、ただニコニコ話を聞いているだけでは聞き上手とはいえません。聞き方の中で一番工夫してほしいのは「相槌」です。

会話を軽快に進めるには、適切でテンポのいい相槌が欠かせません。普通、相槌というと「はい」「ええ」「そうですね」などが無難なパターンですが、これだけでは単調になりすぎます。

たとえば、共感を示すなら「その通りですね」「なるほど」「もっともですね」「同感です」と言ってみたり、興味を示すなら「本当ですか」「それは意外です」「驚きました」と表情を交えて関心度を表します。

会話に興が乗ってきたら、「それからどうしたんです?」「その次が聞きたいですね」などと、好奇心が伝わるような言い回しを使うといいでしょう。

実は、これらの会話テクは、銀座のママさんたちの得意技と同じです。プロの話術を真似れば、多少の口下手でも大丈夫かもしれません。

そして、最もプチずぼらで効果的な会話術が「秘伝おうむ返しの術」です。「昨日は電車に乗り遅れて散々だったよ」という発言に対して、「あら、電車に乗り遅れたんですか」というのが基本的なおうむ返し。

これをちょっとアレンジして少し共感を表したのが、「あら、電車に乗り遅れたんですか。それは災難でしたね」というパターンです。

相手の言葉をただ繰り返すおうむ返しは、相手の気持ちを和らげるのにも大変効果的です。しかも、簡単ですね。

たとえば相手の機嫌が悪くて「まったく、最近は頭にくることばっかりよ」と言われれば「本当ですね。頭にくることが多いですね」と返し、上機嫌で「今日美容院で5歳も若く見られちゃった」と言えば「5歳も若く見られちゃったんですか。いいですね。うらやましいです」と返す。

こうすれば、多くを語るより、相手の気持ちをふんわりと和らげられます。

これは相手の投げた球を気持ちのいいテンポで受け取って、また投げやすい球を返すようなものなので、コミュニケーションをよくするにはもってこいです。

ただし、会話の中で絶対にしてはいけないのが「話泥棒」です。

相手の話を遮って口をはさんだり、「それよりも、これ知ってる?」と話の腰を折ったり、さらには「つまりこういうことでしょ?」と話をまとめたり。こんな会話をしていては、誰も相手になってくれなくなるでしょう。

聞き上手への第一歩は、まず相手への敬意と優しさを持つこと。その意識を持ち続ければ、コミュニケーション能力もますます高まっていきます。

「できません」とサラリとかわす

「田中さんは何をやっても器用で、ささっとこなすでしょ。この前も町内会の議事録をお願いしたら、翌日には出来上がって驚いたわよ」

「そうそう、本当に頼りになるわよね。だから今年は盆踊りのお知らせも田中さんに頼もうと思うの。いいわよね？」

「田中さんなら優しいから、嫌とは言わないわ。大丈夫よ」

　このように人から頼りにされるのは決して悪いことではありませんし、その人の社会的信用を物語ってもいます。ただ、よくないのは他人の期待に応えようと必要以上の責任を背負い込むことです。

　誰でも「いい人」と思われたら嬉しくなりますし、誰かの役に立てたら「よかった」と喜びを感じるものです。

しかし、誰にでも愛されて、誰からも「いい人」と呼ばれて喜ぶのは自己満足。ちょっと意地悪な言い方をすれば、「八方美人」になってしまいます。

それでも対外的な評価や周囲とのコミュニケーションが自分にとって大事な意味を持つ場合は、八方美人でも十方美人にでもなって社交性を発揮してください。ただし、現役を退いて第一線でがんばる必要がなくなったら、八方美人はもう卒業しましょう。

特にいけないのは、「自分さえ無理をすればすむから」とか「自分一人でがんばればなんとかなる」という考え方。何でも自分で抱え込んで、犠牲的精神を発揮するのは日本人の悪い癖ですが、そんな無理が効くのも、せいぜい還暦までです。

60歳を過ぎたら他人の評価は一切気にせず、自分に正直に、やりたいことには「イエス」、やりたくないことには「ノー」と言うようにしましょう。

親から「人のことが第一で、自分のことは二の次でいい」と教えられてきたような人は、「人の頼みを断るなんて、悪くてできない」と考えがちですが、60歳を過ぎたら生まれ変わったつもりで、舵を切り直してみませんか。

待合室は情報収集できます

人間、年齢を重ねればどこかにガタがきますから、病気や体の不具合とは上手につきあっていかねばなりません。しかし、若い頃は「そのうち治るだろう」と楽観的に考えられたことも、歳を重ねると「もっと悪くなったらどうしよう」「本当にこの治療でいいのだろうか」などと、いらぬ心配をしがちですね。

くよくよ考えていても症状が良くなるわけでもなく、多くは取り越し苦労というケースもありますが、そんなときは、ぜひ病院の待合室をうまく利用したいもの。具体的には、知りたいと思っている情報を集めたり、「○○がつらいですよね」「どうやって痛みを紛らしていますか」など、愚痴をこぼしあう仲間づくりです。

とはいえ、待合室で隣に座った人に「何の病気ですか」「どんな薬をもらってますか」「どのくらい通っているんですか」などと立ち入った話をいきなりしてはいけません。これではまるで事情聴取でしょう。

待合室でのそつのない話題といえば、病院のことがいいでしょう。たとえば、「今日は混んでますね」とか、「こちらの先生は、説明がわかりやすいと評判ですね」といった話です。

相手のリアクションがいまひとつの場合は、それ以上話しかけるのはやめ、もし話に乗ってくるようなら、徐々に自分の知りたい情報を話題にしてみましょう。

今はインターネットを使えば、評判の病院を調べることもできますが、自分にとって良いかどうかは、いろいろな人の話を聞いた方が判断しやすいもの。

せっせとあちこちの病院に通うという手もありますが、そこはプチずぼら精神を発揮し、診察を待っている時間を利用して欲しい情報を集めましょう。

実際、私の知り合いも、持病で通院している病院の待合室でよく顔を合わす人と仲良くなり、「鍼灸院なら○○がいい」「○○になったときは、▽▽先生がよく診てくれてよかった」「こんな体操をしたら、腰痛が改善された」などの情報をもらって、助かったと話していました。

「いい男」「いい女」はちょっとずぼらなタイプ

一人暮らしのシニアが増えています。パートナーとの離婚、死別、そもそも結婚していないなど、事情はさまざまです。

その後、結婚するかしないか、一人で暮らすか否かは別としても、やはり人間、死ぬまで異性を気にしていたいものです。

こんなことを話すと、「いい歳をして恥ずかしい」と言う人もいるかもしれませんが、異性へのときめきは、生きるうえで大きな原動力ではないでしょうか。

ところで、同性ばかりが集まる趣味のサークルももちろんですが、時には男女が入り交じる集まりにも顔を出すことがあるでしょう。このとき、「異性の目がある」というだけで、背筋がしゃんとし、心が華やぎ、女性なら薄くメイクをしたり、いつもより明るい色の服を選んだりしませんか。男性ならきちんとひげをそり、襟元がきちんとした服を選ぶなど、いろいろな変化が見られるでしょう。

「次はどんなことを話そうかな」「次は何を着ていこうかな」とワクワクする気持ちが生活に張りをもたせ、アンチエイジングや脳の活性化にも効果があるのです。

もう一歩進むと、それが「恋」に発展し結婚へと進んでいくケースも、最近では珍しくありません。

はじめのうちは一緒にお茶を飲んだり映画を見たりといったデートで満足だったけれど、次第に、残された時間を寄り添って生活したいという気持ちになるのは、人間としてごく自然なこと。

歳をとっても恋心を忘れない「いい男」「いい女」でいることは、人生を彩り豊かにしてくれることと思います。

ただ、面白いことに、あまりおしゃれに気を配りすぎる人は、異性に人気がないそうです。**普段の自分を感じさせるような自然な服装で、話し方も態度も、「自分はこんな人間だから」と無理をしない人が好かれるとか。**なんだか、プチずぼら派には心強いではありませんか。

介護サービスは遠慮せずに

日本人はもともと他人に気を使い、「自分より他人を優先する」ような遠慮深いパーソナリティを持っています。「我慢は美徳」「人様に迷惑をかけてはいけない」といわれて育ったシニア層は、その色合いがより濃いかもしれませんね。

こうした特徴は良い面もあれば悪い面もあります。私の知っている老夫婦のケースをお話ししましょう。

そのご夫婦は、共に80歳を超え、二人だけで寄り添うように暮らしていました。息子さんと娘さんがいるのですが、息子さんは独立して遠方に住んでいて、娘さんは夫の転勤に伴って海外生活。だから、子どもたちにはほとんど頼らず、自分たちだけで生活のさまざまなことを乗り越えてきたのです。

ところが数年前、ご主人が脳溢血で倒れ、その後、在宅介護が始まりました。民生委員さんの手助けなどもあり、さまざまな介護サービスを受けられ、周りの人たちからは、「ヘルパーさんが来てくれるのなら助かるわね」「お医者さんや看護師さんが家で診察してくれるのだから、手間が省けてよかったわ」などと言われました。

しかし、いざ介護サービスが始まると、奥様がどんどんやつれていき、ついには倒れてしまったのです。本来なら、いろいろ楽になるはずなのに、どうしてこんなことになってしまったのでしょうか。

実は、この奥様は人一倍、「他人に迷惑をかけてはいけない」という気持ちが強い真面目な性格だったため、家まで来てくれる医療スタッフに失礼がないように、少しでも負担をかけないようにとがんばりすぎたのです。

たとえば、訪問サービスのある前日は、家の隅々までピカピカに磨き上げ、さらに夫の体もあらかじめきれいに拭き清めました。

そのおかげで、ご主人は部屋をあちこち移動させられたり、ごしごしと体を拭かれたりと、ある意味、いい迷惑。しかし、奥様にとっては、完ぺきな妻として振る舞うため必死だったのです。

介護サービスのスタッフも、「こんなにきれいにされていると、どこを掃除していいのか……」「爪も体も清潔にされていて、私たちが手出しするところがないほどです」とこぼすほど。

老老介護の夫婦の負担が減るようにと計画された訪問介護や介護サービスですが、これではかえって夫婦の負担が大きくなってしまい、本末転倒です。何でも人に頼るのは良くありませんが、これはちょっと行きすぎのケース。人は誰でも、一人で生きてはいけません。誰かの力を借りたり、誰かに力を貸したりして生きているのです。

介護サービスもそのひとつ。介護を受ける人がいて、介護をする人の仕事が成立しているわけです。

体と心に染みついた「人に迷惑をかけない」という精神も、歳をとったら**「今までたくさん人を支えてきたんだから、これからは支えてもらおう」**と、シフトチェンジしていきましょう。

できることを「プチボランティア」で実行しよう

ある人が言いました。「老人の仕事は孤独に耐えることだ」と。

この言葉はかなり重く厳しい印象を受けますが、ある意味、本質をついているとも考えられます。

年齢を重ねれば、まず親が他界し、人によっては兄弟や友だちが先に旅立ってしまうこともあります。そんなとき、自分だけが置き去りにされたようなさびしさや、これまでの人生の体験を共有する相手がいなくなった喪失感と向き合わなくてはなりません。

孤独というのはきわめて個人的なものですから、お金でも解決しづらいし、誰かが救ってくれるというものでもありません。気持ちに折り合いをつけて、自分で何とかしていくしかないのです。

一人きりの時間が長くなればなるほど、孤独感が強まり、「このまま自分が死んでしまっても、誰も気づかないに違いない」「いっそ、私なんか死んでしまった方が、世の中のためになるのでは」などと、ネガティブな思いがあふれ、次第に「うつ」へと移行していく場合も少なくありません。

そんな人におすすめしたいのが、地域のボランティア活動です。

「年寄りなんて、ボランティア活動の邪魔になるだけ。お呼びじゃないでしょう」と思う人もいるようですが、どこの団体でもたいていボランティアを募集しており、無償奉仕してくれる人は大歓迎なのです。

また、今どきのシニアは若々しく活動的で、社会経験が長いことから面倒見が良かったり、取りまとめがうまいこともあり、活躍の場はいくらでもあります。

ためしに、自分の地域の名前と「ボランティア」と入力して、インターネットで検索してみましょう。たくさんのサイトにヒットするはずです。

また、地域によっては「ボランティア人材バンク」があり、ここに自分のできる特技や、こんなボランティアがやりたいという希望、また希望活動時間などを登録することで、需要に応じて連絡がくるシステムがあります。

誰かのために何かをして、「ありがとう」と言われれば嬉しいものです。誰かのためになりたい、社会に貢献したいという思いは人間の本能であり、誰かの役に立っているという充実感は、そのまま自分の生きがいにつながっていきます。

「誰からも必要とされていない」と感じ、そんな孤独感に押しつぶされそうになったら、はじめは一度きりでもいいので、ボランティアに参加してみましょう。特技や体力がなくても、自分に合ったボランティアは探せば必ず見つけられます。

車いすで生活している70代の女性は、視覚障害の人のために、自宅で本を朗読し録音するボランティアをしています。運転が好きな60代の男性は、夕イミングの合うときだけ、高齢者の送迎ボランティアに参加しています。

できることをできるときだけする……。無理のないプチボランティア活動は、シニアにとって、思いがけない充実した日々を運んでくれるでしょう。

孫へのプレゼントも「ちょっとずぼら」がいい

孫はかわいいものです。我が子には「厳しく育てなさい」と言いながらも、自分は顔がほころびっぱなしという人もいるでしょう。

そんなかわいい孫ですから、何も言わないのに小遣いをやったり、何かを欲しそうにしていたら、すぐに買ってやるなど、甘々じいちゃん・ばあちゃんが急増中。なにせ、子どもの数が少ないのですから、一人ひとりに注がれる愛情は自然と濃度がこくなってしまいます。

しばらく前から、「シックスポケット」という言葉が広まりました。

共働きで夫と妻の二つの財布があることを「ダブルポケット」といいます。そして、夫の両親、妻の両親が孫にせっせとお金をつぎ込むことを、ダブルポケットをもじって「シックスポケット」と呼んだわけです。

孫の喜ぶ顔見たさに、年金生活を切り詰めて何かを買ってやる。それは老後の楽しみのひとつかもしれませんが、孫にとっては、「じいばあは、何でも買ってくれる人」となり、その要求は年を追うごとにどんどん大きくなっていきます。

はじめは駄菓子ひとつで喜んでいた子が、次第に、服が欲しい、ゲームが欲しいとなり、そのうちにお金自体を欲しがるようになり、金額も上がっていきます。

こういったことが孫の成長に良いとは思えません。客観的に判断すれば誰にでもわかるのですが、いざ自分の孫となると見えなくなってしまうのでしょう。

だから、金品を与えるのはクリスマスや誕生日だけにし、それも予算を決めておき、その枠を超えないようにするといいかもしれません。

普段遊びに来たときは、一緒に散歩に出かけて、草花の名前を教えたり、図書館に行って自分が若い頃に読んだ本を教えてあげるなど、そんな形のない「ちょっとずぼら」なプレゼントをしたらどうでしょうか。

金品はそのときは嬉しくても、すぐにありがたみを忘れてしまいます。しかし、形のないプレゼントは長く心にとどまるものです。

第5章

「プチずぼら」の手軽な健康法

ゆる開脚体操で体を柔らかく

ここ数年、「開脚ストレッチ」や「開脚できるようになる法」など、開脚に関する本の売れ行きがいいようで、年間のベストテンにも顔を出しています。

昔から整体師さんたちが言っていた「股関節が固くなると全身の老化につながる」という意見もすっかり広まって、柔軟体操やストレッチを中心としたエクササイズはYouTubeなどの動画サイトでも人気を集めています。

ヨガでも股関節を柔軟にすることはとても重要で、特に股関節の動きをよくすることで心が解放され、前向きな精神状態になるとされ、大きなメリットです。

社会人になると柔軟体操をする機会もあまりなく、体はますます固くなるばかり。とくにシニアでは、「私なんか体が固くて柔軟は絶対無理！」「この歳で開脚なんかしたら、足の筋がつるわよ」などと拒絶反応を示す人もいるでしょうが、まだまだ長い人生をしなやかに生きるためには、開脚やストレッチで心も体も柔軟にしておいた方がいいでしょう。

体が柔らかいと反射神経がよくなったり、危険回避の反応が速まったりしますから、安全に生きるためにも柔軟性は大切な要素といえます。

実際の開脚レッスンは、座った状態でするより壁を使った方がずっと楽。普通の開脚はある程度腹筋も必要ですが、壁を使うと重力に体をまかせてストレッチができるので、筋力のない人にはぴったりです。

〈壁を使った開脚ストレッチのやり方〉

①壁際で壁を正面に上向きに寝て、お尻を壁につけた状態で足を上に伸ばします。

このとき横から見ると、体はL字形になっています。
お尻をつけるのが難しいときは、壁から少し離しても大丈夫。
②息を吐きながら、上に伸ばした足を左右ともゆっくりと下げ、足を開げていきます。
ただし、痛くなるまで足を下げすぎないこと。自分で「よく足が伸びている」「股関節が開いて気持ちがいい」と思える範囲でストレッチをします。
③足を左右に開いて、ちょっと「痛気持ちいい」レベルのポイントを見つけたら、はじめは3分程度その場所で姿勢をキープ。
慣れたら5分くらいは開脚を続けます。
④両足を上に伸ばして最初の位置に戻し、ゆっくり横に倒してから上半身を起こします。
このますぐには立たず、足を伸ばしたり屈伸したり、上半身をねじっ

たり、体を軽く動かして、血行をよくします。

股関節と骨盤の周りを動かして血の巡りをよくすると、リンパの流れもよくなって、むくみや冷えも解消されます。

この「ゆる開脚」を続ければ、少しずつ開く範囲も広がって、気がつけば体も柔軟になっているはずですから、毎日の習慣にしてみましょう。

じんわり癒される温湿布

ドラッグストアでも簡単に手に入る温湿布式のアイマスクですが、これがなかなかよく出来ていて、私も時々お世話になっています。

これまで濡れタオルを蒸して使ったりしていたのが、これなら数分レンジに入れるだけなので、とっても簡単。

パソコンや読書で目の芯が疲れたようなときは、じんわりと温かな温湿布がよく効いて、そのまま寝てしまうこともしばしばあります。

しかし、温湿布の効果は目だけでなく、内臓や筋肉にも有効ですから、これを利用しない手はありません。

特におすすめは「肝腎かなめ」といわれる肝臓と腎臓のお手入れです。

肝臓も腎臓も大変忍耐強い臓器ですが、ケアを忘れて放置しているとダメージが積み重なって、再生できないほど機能が損なわれることがあります。

そこで、疲れたらまず温湿布でマメにお手入れして、ダメージを溜めないことが大切です。

湿布のやり方は、レンジで湿布を熱くなりすぎない程度に温めて、臓器の上に置くだけなので難しいことはないのですが、臓器の位置をよく把握しておく必要があります。

肝臓は、胸とお腹の間にある横隔膜の下、胃のすぐ隣にあります。

全体的な位置でいうと、お腹の右上ですが、とても大きい臓器なので、それほど神経質にならなくても湿布はできます。

ただし、近くには心臓があるので、心臓は温めないように気をつけます。

湿布は20分もすれば十分です。お酒を飲みすぎたり、疲れが溜まっているときは、毎日しても大丈夫。気持ちがよければ、いつでもお手当して問題ありません。

腎臓の位置は背中の腰より少し上、背骨を挟んで左右にひとつずつあり、大きさは握り拳より少し大きい程度です。

腎臓を湿布するときは、うつぶせで寝た形になり、背中に温湿布をのせます。この体勢で温湿布をすると、温かさがじんわり広がって、ついうたた寝するほど。

温湿布は、心臓、脳、睾丸を除けば特にダメな場所はないので、どこかに不調を感じたら湿布をするのが一番手軽で効果的です。

湿布の素材には昔からよく使われているこんにゃくや濡れタオルもありますが、一番のおすすめは布袋に入れた小豆です。布袋入りの小豆なら匂いもなく、周囲を濡らす心配もないので安心です。

しかも、小豆は何度電子レンジに入れても乾燥することなく、しっとりとした蒸気を出してくれますから、湿布材としてはベストでしょう。

この湿布は体を温める効果も高いので、風邪の引きはじめにももってこい。

風邪の場合は、背中の肩甲骨の真ん中にある「風門」に温湿布をすれば、重くならずにすみます。ぜひ試してみてください。

温湿布はお金も手間もかからない、プチずぼら派向きの便利なセルフケア。小豆入りの布袋をお手製で作ってみるのもいいですね。

無理なく腰痛に効く方法

シニアにとって、腰痛は馴染みのもので、経験したことがない人の方がむしろ少数派かもしれませんね。

「最近、腰痛がひどくて出かけるのも一苦労なのよ」

「俺も去年ぎっくり腰やってから、すぐに腰が痛むんだ。まったく歳はとりたくないね」

といったように、シニアの会話でも腰痛にまつわる話題はつきないようです。日本では65歳以上の5人に1人が腰痛を自覚していて、整形外科を受診する人のうち最も訴えの多いのが腰痛です。

ところが、全国に2000万人以上いるといわれる腰痛の中で、はっきり原因がわかっているのはわずか15％程度。残りの85％は原因の特定できない

「非特異的腰痛」だと知っていますか。

最近は、腰痛の原因は「ストレス」にあるという考え方が広まり、今までの常識が覆されています。

私たちの体に何か異常が起きると、それが神経を通じて脳に伝わり、異常を痛みとして認識するのですが、そのとき「怖い」という心理が植えつけられます。

すると腰の痛みが「また腰痛になったらどうしよう」という悲観的な感情や、腰を守らなければいけないという警戒心とつながり、過敏に反応する「恐怖回避思考」を持つようになります。そうなると、必要以上に痛みを強く感じてしまうのです。

そこで、こうした恐怖心から来るストレスや不安を取り除くのが、腰痛解消のための第一歩。なかでも簡単で腰痛に効く「腰痛リセット体操」は、無理のない運動ですから、試してみてはいかがでしょう。

①足を肩幅より少し広めに開いて腰に両手を当て、膝を伸ばしたまま、上体をゆっくり反らします。背中を反らすより、骨盤を前に押し込むイメージで。

②息をゆっくり吐きながら、上体をできるだけ反らして3秒間キープします。

これを1セットとし、2、3回繰り返して、慣れたら5回くらいに増やします。

この体操では、「腰を伸ばしても大丈夫」という感覚を覚えてもらうことがポイントです。恐怖心を取り除けば、腰痛のリスクは大幅に軽くなります。

ちょこっと日光浴の効果を見直そう

「私たちの子どもの頃は、夏真っ黒になって遊んだものだけど、今の小学生は学校の行き帰りにも日焼け止めを塗っているんですって。時代は変わったわね」

こんな感想を持つ中高年の人はとても多いのですが、その言葉の奥には「何も気にせず、お日様をいっぱい浴びられたあの頃はよかった」という本音も垣間見えます。

なにしろ「太陽を浴びると活性酸素が増える」「皮膚ガンの危険性が増す」「日焼けは百害あって一利なし」などと、近年はまるで悪者のように扱われてきた紫外線の出所とあって、太陽愛好派はずいぶん肩身の狭い思いをしてきたものです。

ところが、最近は日光浴が持つ健康効果や精神に与えるポジティブな影響が解明されて、日光浴の真価が見直されているのです。

特に近年注目を集めたのが、日光が精神に与えるさまざまな影響についてです。

まず、太陽光が目に入ると網膜が刺激され、その刺激が神経を介して脳内に伝わって、神経伝達物質「セロトニン」が分泌されます。するとセロトニンが「気分が良い」状態をつくりだして、脳の緊張が解きほぐされます。これによって全身のストレスも軽減され、脳も体もリラックスするのです。

この仕組みは、私たちが陽の光を浴びたときに感じる何ともいえない開放感や幸福感を思い浮かべれば、すぐに理解できるでしょう。

「太陽は万人を平等に照らす」という諺がありますが、お天気のいい日ならいつでもタダで日光を浴び放題ですから、プチずぼら派にとってはありがたい限りです。

ところが、日光にあまり当たらずにいるとセロトニンが不足して、人は抑うつ的な精神状態に陥りやすく、心の病を引き起こす要因にもなるというのですから、気をつけたいものです。

セロトニン不足を解消するためには、一日30分程度の日光浴をすれば大丈夫。窓やカーテン越しの光でも十分に効果があります。

日光は睡眠と深い関係があり、夜になるとセロトニンが睡眠物質の「メラトニン」に変化して、脳内の温度を下げ、眠りやすくしてくれるのです。

不眠傾向のある人や夜熟睡できないという人は、朝日を浴びることができればベスト。朝の日光浴で体内時計が整い、眠りやすくなります。

これだけではなく、最近は日光浴の健康効果が続々と明かされ、これまでの常識を覆しつつあります。

たとえば、太陽光には老化と関係する活性酸素を取り除く作用があることがわかったり、太陽によって合成されるビタミンDは骨を強くするだけでなく、ガン予防にも効果があることが明らかになったり、その注目度は年々上がっています。

こうした身体的影響ばかりでなく、気分を明るくしたり、集中力を高めるといった精神的影響は、もっと評価されていいでしょう。

太陽を敬遠するばかりでなく、ちょっとでも生活に取り入れれば、健康生活がパワーアップしそうです。

らくらく筋トレで筋力をキープ

先日、自宅の玄関で転んで足を骨折したという人とお会いしたら、開口一番、「先生、歳をとってからの骨折は最悪だね。退院してからもう2か月近いけど、落ちた筋肉がなかなか元に戻らないんだ。こうやって人は寝たきりになるんだと思ったら、急に怖くなってね。今では毎日筋トレをするようになったよ」と、身ぶりつきで話してくれました。

骨折の跡を見せてもらうと、なるほど片方の足だけ筋肉が衰えて細くなっていて、元通りになるまでにはまだ時間がかかるのがわかりました。

骨折を経験した人が言うように、「筋肉が落ちるのはあっという間でも、再び筋肉をつけようとすると、その何倍もの時間と努力が必要になる」というのは本当です。こうして骨折などで筋力が落ちると、筋肉から生み出される熱が十分に作られず、結果的には体温が下がることで免疫力まで低下してしまいます。

中高年にとって何よりも怖いのは、筋肉の衰えが寝たきりの原因になることですから、毎日少しずつでもトレーニングを続けて、一定の筋肉量を保つように心がけたいもの。効率的な筋力アップをめざすなら、人の筋肉の半分以上がある下半身を鍛えるのがポイントです。

筋トレは高齢になっても一生続けてほしい運動です。はじめからあまりハードルを上げず、毎日の気軽な習慣にしてください。筋トレで一番効果のあるスクワットについては第2章で詳しく説明していますが、日常の動作の中で簡単にできる「ながらトレーニング」の中では「足上げ体操」がおすすめです。

〈足上げ体操〉（太ももの前面にある「大腿四頭筋」を増強する筋トレ）

片手を壁や椅子の背などに置いて安定させ、膝を曲げて片足ずつ太ももを引き上げるだけです。ポイントは、なるべく高く膝を引き上げること。
はじめは左右10回からスタートして、無理のない程度に増やしていきましょう。

話題の「骨ホルモン」を出す方法

最近、テレビや健康雑誌で話題の「骨ホルモン」をご存じでしょうか。

骨ホルモンとは、骨から分泌される「オステオカルシン」のことで、この物質が大量に放出されると脳や肝臓などさまざまな臓器が活性化するばかりでなく、全身に若返りメッセージを届けられるというのですから、驚きです。

そんな素晴らしい物質なら「ぜひ自分も出してみたい」と思う人も多いでしょうが、それにはちょっとしたコツがあります。

この骨ホルモンの働きを強化して体にいい成分をたくさん出させるには、「リズミカルに動いて」「上下の振動を与える」というふたつの条件があるのです。

そこでおすすめしたいのが、とても簡単な運動で、ふたつの条件もかなえる「踵落とし」です。

踵落としは、1回にたった1分間実行するだけで血糖値を安定させ、全身の若返りにも効果がありますから、やってみて損はありません。

〈踵落としのやり方〉

①まず姿勢を真っすぐにして立ちます。そこからゆっくりと大きく真上に伸び上がってつま先立ちになり、一番伸びたところからストンと一気に踵を落とします。

②大きく伸びてからストンと下がる動きを1分間ほど続けます。以上の運動を好きな時間に少しずつ行い、1日の合計が30回程度になれば十分。1日30回以上を毎日続けるのが目標です。

骨ホルモンの分泌が少ない人は、糖尿病や動脈硬化のリスクが高まるので、できるだけ踵落としを継続しましょう。

このほかに、10センチほどの台からぴょんと飛び降りる「ミニジャンプ」も効果は同じ。骨に上下の振動を与えることが骨ホルモンを出すポイントです。

プチずぼら派としては、「歯磨きをしながら」とか、「散歩の準備運動として」などと決めてするのもいいでしょう。

「プチずぼら派」にぴったりの「家事トレ」

掃除や炊事、洗濯など、毎日の家事に費やす時間は多くても、大抵の人はこれを労働の時間としか考えていないでしょう。

しかし、もしこの時間をトレーニングに有効利用できたら、いつもは義務感だけでやっている家事も、健康づくりの大事な時間になるはずです。

たとえば、食器を洗いながらでも、洗濯物を干しながらでも、ちょっとした筋トレやエクササイズは可能ですから、家事をしながらマイペースで健康な体づくりにチャレンジしてみてはいかがでしょうか。

以前『ふくらはぎをもんで長生き』などという本がベストセラーになったことがありましたが、たしかに「第2の心臓」とも呼ばれるふくらはぎを強化することはとても大切です。

ふくらはぎを鍛える方法は「カーフレイズ」とも呼ばれています。最初は、つま先立ちするだけでも体がグラグラと不安定になることがありますが、そんなときには壁などに手をついて、体を支えながら行ってください。

〈ふくらはぎを鍛えるやり方〉

①肩幅に足を広げ、背筋を伸ばしてつま先で立ちます。
②両方の踵をゆっくり上げ下げします。
③1秒で一往復するくらいのペースで10回繰り返します。
慣れたら踵の上げ方を大きくし、回数も増やして、段々負荷を高めます。

ただし、普段使っていないふくらはぎの筋肉を急に動かすと、足がつったり、痛みを感じたりすることがあります。

そんなときは無理して続けないで、優しく筋肉をマッサージしてから休養してください。筋肉がほぐれると痛みも解消することが多いので、調子を見ながら再チャレンジしてみてください。台所に立ちながらでもできる「つま先立ち」なら、無理なく自分のペースで続けられるはずです。

掃除しながらのお手軽トレーニング

家事をしながらのトレーニングもいろいろありますから、やりやすいものから少しずつ試してみてください。

掃除の場合、普通に掃除機をかけるのではあまり筋肉に刺激が与えられないので、意識して負荷を与えるようにしましょう。

次のようなトレーニング法もありますので、参考にしてみてください。

〈掃除機を使って〉

足を一歩踏み出し、踏み出した方の足の角度が90度になるぐらいまで体を落とします。この低い姿勢をキープしたまま掃除機をかけます。

〈手をクロスして窓拭き〉

腕の動きにひねりを加えながら左右に移動すると、わき腹や大腿骨を刺激して、運動量もぐんと増えます。左右に大きく腕を使いながらリズミカルに窓拭きをすると、ダイエット効果も期待できます。

〈ゴミ袋をダンベル代わりに〉

朝のゴミ出しもゴミ袋をダンベル代わりにすれば、立派な筋トレになります。

①背筋を伸ばしながらゴミ袋を左右均等に持ち、ゆっくり腕を引き上げます。

②肩の位置まで袋を引き上げたら、今度はゆっくりと下げます。

③腕を伸ばしたまま、左右のゴミ袋を腕が水平になるまで持ち上げ、水平のまま１秒ほど静止してから、ゆっくりと下げます。

この運動のポイントは、ゴミ袋を持つ手を必ず「内側に巻き込む」こと。これはダンベルの基本ですから、ほかのものを持つ場合でも「内側に巻き込む」と覚えておいてください。

ほかにもアイデア次第で家事トレはいくつでも見つかるはず。ジムに行ったりお金をかけたりしなくても、自宅でトレーニングができる家事トレは、「ながら派」の強い味方といえます。

「かくれ脱水」防止のプチずぼら給水術

体内の水分量が不足したときに起こる「脱水症」は、夏の暑い時期に注意が必要な「熱中症」の大きな要因ともなり、水分の摂取量が減りがちなシニアは特に気をつけたい症状です。

本人も気づかないまま脱水状態に陥ることを「かくれ脱水」といいますが、早めに正しい処置をしないと重症化もあるため、注意が必要です。

普通、成人では水分が体重の60％を占めています。しかし、この水分量は加齢によって減り、シニアの場合は10％減の50％程度とされています。

体内の水分量が少ない人こそ、こまめな水分補給が必要ですが、シニアの場合は、喉の渇きに気づきにくくなり、実際には水分が足りていないことも多いのです。ちょっと多めの汗をかくだけでも脱水症の原因となり、さらに食事量が減ると脱水状態を加速させる危険があります。

私たちが必要とする1日の水分摂取量は、食物に含まれる水を除けば、最低でも約1リットル。中くらいのコップで5杯程度です。

もちろん、喉が渇いて自然に水分を補うことができればいいのですが、喉の渇きを感じにくいシニアは、意識的に水分を摂った方がいいでしょう。

こう言うと、「そんなにたくさん水を飲むのは大変」と言う人もいるでしょうが、1リットルなら2時間ごとにグラス1杯の水を飲む量です。これなら、プチずぼら派でも大丈夫でしょう。

しかも、飲むのは水でもお茶でも炭酸水でもお好きなものでかまいません。無理をしなくても、2時間に一度のティータイムを楽しむつもりでいれば、この水分摂取量は十分クリアできるのではないでしょうか。

ただ、夏で日中の気温が30度を超えるような時期は、脱水を避けるためにも努めて水分を摂るよう心がけましょう。暑い季節は冷たい飲み物がおいしく感じられますが、冷たいものを飲みすぎると胃腸の働きが低下するので、できれば水の温度は腸で吸収しやすい15℃程度にしておきたいものです。

また、摂取する水分は糖分を含まない水やお茶が基本です。一日に何杯もの清涼飲料水を飲んだら、それだけで肥満のリスクが高まってしまうので気をつけてください。

ただし、たくさん汗をかく真夏には、少量の砂糖や塩分を加えたレモン水や麦茶を飲んで、失われた電解質を補給した方がいいかもしれません。

高齢者の中には「夜中にトイレに起きるのは嫌だから」と、寝る前の水分を控える人がいますが、寝る前の水は血液がドロドロになるのを防いでくれる大切なものなので、できるだけ摂っておきましょう。

朝起きてすぐに水分を摂るのも、全身の代謝を促す呼び水になります。プチずぼら派はとりあえず、**グラス1杯の飲み物を毎朝の習慣にする**といいでしょう。

温熱療法で「肝腎かなめ」の手入れ

昔から人体の中でも最重要パーツとされてきたのが「肝腎かなめ」の臓器である肝臓と腎臓です。

腎臓は人の「気」に大きな影響を与える臓器で、腎臓の気が失われると「腎虚」という状態になって老化が進み、機能が損なわれると、二度と再生できないという重いリスクを負うことになります。

肝臓はよくお酒との関連が指摘されますが、実際には疲労や薬、寝不足など様々な方向から影響を受け、徐々にダメージが蓄積していきます。

世の中にはレバーや蜆《しじみ》、ウコンやゴマなど、肝臓にいいとされる食材がたくさんありますが、一度にたくさん摂っても効果が持続するわけではないので、毎日少しずつでも摂り続けることが必要です。

ところが、食べるよりずっと効果があって、全身のメンテナンスにもなる手入れ法があるので、紹介しておきましょう。

肝臓と腎臓の手入れでおすすめしたいのは、日本でも昔から伝承されている温湿布です。

かつてはもぐさを使ったお灸も一般的だったようですが、火を使う療法は素人には難しいため、現在は温湿布が主流になっています。

まず、肝臓は右胸の心臓の下あたりにあるとても大きな臓器ですから、だいたいの場所がわかっていれば問題はないでしょう。

腎臓は握りこぶし大のそら豆のような形をしている二個で一対の臓器で、背中側にあります。場所は、腰が痛いときに手を後ろに回してトントンと叩くあたりといえばわかりやすいでしょうか。

温湿布のやり方は次の通りです。

①こんにゃくを20分ほど茹でて、熱くなったら2、3枚のタオルで包みます。

②上を向いて寝て、温かいこんにゃくを肝臓の上に当て、冷めるまで湿布をします。

③腎臓の湿布はうつぶせに寝て、背中のウエスト部分に温かいこんにゃくを載せ、冷めるまでそのままにします。

昔からの民間療法ではこんにゃくを使うのが一般的ですが、なければ使い捨てカイロや湯たんぽなどを使うこともできます。

また、生姜のしぼり汁を入れた熱いお湯でタオルを温め、蒸しタオルで温湿布をするのも効果的です。この温湿布をするとポカポカと体が温まり、たいていの人はそのまま眠りに落ちてしまうので、不眠で悩む人には特におすすめです。

温湿布で肝臓と腎臓をじっくり癒すと、血流がよくなり、湿布が終わってもしばらくはヒーリング効果が続きます。

冷え性の人はこんにゃくをタオルで巻いて足の裏を温めれば、寒い季節も冷え知らずで過ごせます。ただし、低温やけどにならないように、温度管理には気をつけましょう。

体温を上げて免疫力アップの方法

このところ中高年の体温の低下が問題になり、健康の悪化に直結するため、警戒が必要といわれています。

普通、人の平均体温は36・5℃くらいですが、この温度は体内の酵素を最も活発に働かせる温度です。

ところが、体温が低いと体内の酵素の働きが低下して新陳代謝が悪くなり、免疫力や抵抗力が衰えて、その結果、病気になりやすくなるわけです。

体温が1℃下がると免疫力は約30％下がるといわれ、さらに体温が35℃台になると新陳代謝の低下が著しくなり、自律神経失調症になる危険性まで生じます。

こうした低体温の原因の多くは筋肉量の低下によるもので、50年前と比べて日本人の体温が平均０・７℃近く下がったのも、慢性の運動不足になっていることが原因と考えられています。

筋肉は体の最大の熱産生器官ですから、筋肉が少なくなると当然体温が下がり、同時に基礎代謝も下がって肥満や糖尿病のリスクも増えていきます。

そこで、**シニア期を元気に過ごすためには、まず体温を健康的なレベルまで引き上げ、代謝のよい体づくりをする必要があります。**

体温を上げて免疫力をアップさせるには、体温を下げる生活習慣を見直し、積極的に体温を上げる運動や温熱療法をしていくしかありません。

基本的に実行したいのは、冷たい食べ物や季節外れの食べ物を控えて、旬のものを食べること。バランスのとれた食事で、肉や魚、卵などのたんぱく質を摂り、亜鉛や鉄、セレンなどのミネラルとビタミンB_1、B_2などのビタミン類を摂ること。

そして、毎日、散歩や早歩きなどの有酸素運動を行うことです。

さて、体に熱でショックを与えることで生まれるたんぱく質が、免疫力を高めることが実証されて、この温熱作用を利用した「ヒートショック入浴法」にも関心が集まっています。もともとお風呂好きな日本人には馴染みやすい入浴法なので、気軽に試してみてはどうでしょう。

〈ヒートショック入浴法〉

①42℃のお湯に10分ほど入浴する（41℃なら15分、40℃なら20分）。
②浴後は毛布やガウンなどに包《くる》まって15〜20分保温する。
③保温が終わったら、冷房なしで自然に体を冷やし、水分補給をする。

以上のような手順でゆっくり入浴しますが、入浴から2日後の体調が最も良くなります。

1週間後には体調が元に戻るので、この入浴法は週2回行うのがベストです。

ヒートショック入浴法をする日以外は、好きなスタイルでお風呂に入ればいいのですが、普段はぬるめのお風呂にして、温度差をつけた方がいいでしょう。

ヒートショック入浴法を何週間か続けると、体温が上昇するだけでなく、細菌などに対する免疫力や運動能力も上がるといいます。アンチエイジングの効果も期待できるそうですから、スポーツクラブに通わなくても、家で、この入浴法を試してみるのもおすすめです。

「ロコモ」に負けない簡単体づくり

最近、テレビや雑誌でよく見かける「ロコモティブシンドローム」、通称「ロコモ」とは、日本語でいう「運動器症候群」で、骨や筋肉、靭帯や関節など、体に備わった「運動器」に障害が生じ、日常生活に不具合が出る状態を指します。

シニアが一番心配するのは、「寝たきりになること」という厚生労働省の調査がありますが、実は「要支援」や「要介護」になる原因の1位は事故や病気ではなく、このロコモなのです。

それだけに、日頃からロコモにならない生活を心がけることが大切。そのためには、まず自分自身のロコモ度をしっかりチェックしておきましょう。

●片脚立ちで靴下が履けますか？
●家の中でよくつまずきませんか？
●階段の昇り降りに手すりは必要ないですか？
●横断歩道を青信号の時間内で渡りきれますか？
●15分くらい続けて歩けますか？
●買い物で1リットルの牛乳パックが2個持ち帰れますか？
●布団の上げ下ろしや雑巾がけなどの家事は負担になりませんか？

以上はロコモに注意する目安ですが、できないことが複数あっても、自分の足で歩けて日常生活に支障がなければ、それほど気にすることはありません。

ただ、初期症状は「歳のせい」で見過ごされがちですから、運動器の不具合はあまり甘く見ないで、早めに予防と手入れを心がけましょう。

ロコモ予防に効果的なのはやはり運動で、なかでも一番のおすすめは「シコを踏むこと」です。これならプチずぼら派にもできますね。

シコは最も筋肉量の多い大腿部を効率的に鍛えられるので、ロコモ退治にはベストな方法。いつでもできるので、イスから立ち上がるとき、トイレに行ったときなどに「ヨイショ」と掛け声をかけながら、深く腰を下ろしてみてください。

背筋をシャンと伸ばして若見えスタイル

背がスラリと高いわけでもなく、特別プロポーションがいいわけでもないのに、なぜか颯爽として見える人がいます。

ご近所に住む60歳過ぎの男性もまさにそのタイプで、中肉中背ながら背筋がピシッと伸びて、歩き方も実にきれいなのです。

あるとき「お若く見えますが、何かスポーツでもなさっているのですか？」と聞いたところ、「スポーツではありませんが、もう40年以上剣道をやっています」という答えが返ってきました。

なるほど、シャンと伸びた姿勢の秘密は武道にあったのかと納得したのですが、背筋が真っすぐに伸びた人は健康面での問題を抱えにくいとはよく聞きます。

整形外科は専門外ですが、猫背で背中が丸まった状態になると、骨盤が前傾状態になって内臓を支える筋肉が緩み、結果として内臓が下がりやすい状態になるのです。内臓全体が下垂気味になると胃腸の機能低下や疲労感、肩こりや冷え性などの不調が目立つようになり、骨格そのものにも悪影響を与えます。

また、大胸筋や背中の筋肉は「体位性活動筋」と呼ばれて、弱くなりやすく、これを放置しておくと腰痛や神経痛を引き起こす原因にもなりかねません。

さらに、猫背は見た目がよくないだけでなく、胸郭を狭めて呼吸を浅くさせたり、肺に取り込む酸素の量を減らしたりすることもありますから、要注意です。

高齢になって体を鍛えなくなると、どんどん筋肉の劣化が進んでしまうので、日頃から意識的に大胸筋や背中の筋肉を鍛えて猫背と縁を切り、美しい姿勢をめざしたいものです。

ところが「今日から姿勢に気をつけよう」と決心しても、「ふと気がつくと背中が丸くなっていた」というのはよくある話です。

それでは猫背改善の第一歩は何かというと、まず背筋が伸びた状態がどういうものか、それを自分自身で体感することです。いい姿勢がわからなければ矯正のしようがないので、ここだけはしっかり押さえておきましょう。

姿勢確認の方法は実に簡単で、つま先を立てず足の甲を真っすぐにしたまま、膝立ちをしてみるだけです。

こうして膝で立って上体を伸ばしてみると、驚くほど姿勢が良くなっているのがわかるでしょう。膝立ちをすると、骨盤が安定して背骨も自然に伸びるので、無理なく美しい姿勢がキープできるのです。この姿勢を体に覚え込ませて、いつでも再現できるようにするのが、一番簡単な猫背矯正法です。

さらに、時々背中の筋肉をストレッチして、柔軟にするのも大事なこと。

胸を大きく広げて伸びをしたり、肩甲骨を背中の真ん中に寄せたり広げたりする運動を習慣にするといいでしょう。

また、壁に向かって両手を突き、立ったままで腕立て伏せをするのもおすすめです。

猫背を治して姿勢をよくするだけで、5歳は若返るはずです。となれば、らくでプチずぼらな健康法といえますね。

「ゾンビ体操」で血管年齢を若返らせよう

健康増進のために毎日運動をしている人は多いでしょうが、その効果の高さで愛好家を増やし続けているのが、「ゾンビ体操」という名のちょっと変わったエクササイズです。

ゾンビ体操は、中高年なら誰でも気になる血管疾患の予防に効果があるというので注目され、テレビでも放映されて反響を呼んだ健康法です。

加齢によって起こりやすくなる病気のうち、動脈硬化や脳梗塞、脳卒中や心筋梗塞などは、どれも血管が硬くなることで引き起こされます。

そこで血管を柔らかくするゾンビ体操の登場となるわけですが、この体操はとにかく体をブラブラさせるだけの簡単なもの。おまけに道具も体力も必要ないので、シニアでも無理なく始められます。

〈ゾンビ体操のやり方〉

①足を肩幅に開いて立ち、体の力を抜いてリラックスします。特に顔や首には力を入れないよう気をつけます。

②腕の力も抜いてブランと垂らしますが、お腹には力を入れて少しへこませます。

③その場で立ったまま踵を少し上げ、小刻みに足踏みします。足踏み中は肩との手の力を完全に抜いて、子どもがイヤイヤをするような仕草で体をねじります。

④1分間ほどゾンビのようなしぐさでブラブラした動作を続けます。

⑤1分たったらブラブラした動きをやめ、その場で30秒間ゆっくり大きな足踏みをします。

⑥1分間ブラブラしたら30秒間大きな足踏みをするサイクルを3回行いま

す。

以上がゾンビ体操の手順で、全部合わせても数分のエクササイズなのですが、実際にやってみると、だんだん息が速くなり、額が汗ばむほど。

1日に3回の体操を実行すれば3日で効果が表れるそうですが、たとえ1日に1回でも続けていけば、必ず変化は出るはずです。

ゾンビ体操で一番気をつけるポイントは、体をねじりながら手をブラブラさせるとき、本当に子どもになったような動作で思いきり手を振ることです。恥ずかしがって中途半端な動きになると思うような効果が出ませんから、一人きりで思いきって幼児になりましょう。

この体操はインターネットの動画でも公開されていますが、インストラクターによれば「外見を気にせず子どものような表情で、口も半開きにする方がいい」そうですから、童心に返って照れずにやるのがこの体操のコツのようです。

基本的には気が向いたらいつしてもいい体操ですが、食後30分以内や入浴後すぐはおすすめできません。

また、お風呂場でするのも転倒の危険がありますから、やめておきましょう。

できればこの体操を日課にして、日常に組み込むのがベストですが、思い出したときにやるだけでも、血管が柔らかくなって全身に栄養や酸素がスムーズに運ばれ、アンチエイジングの効果が期待できます。

第6章

プチずぼら食で毎日元気に！

腹六分目を目安にして若返り

「腹八分目が健康にいい」というのはよく聞きますが、アンチエイジングの視点で見ると、八分目でも食べすぎかもしれません。

なにしろ飽食の日本では、いつでもどこでもおいしい食べ物が手に入りますから、ほとんどの人が知らず知らずのうちに食べすぎているわけです。

そういえば、最近「お腹がペコペコで倒れそうだ」とか「お腹が減って目が回った」といった経験がある人も少ないのではないでしょうか。

人間が地球に生まれてから数十万年、ずっと飢餓に苦しんできた人類が十分な食糧を得られるようになったのは、ここ数百年です。

人間の遺伝子には飢餓を生き抜くために脂肪を体内に溜め込むという防衛シムテムが組み込まれているので、必要以上に食べたものはしっかり蓄積されていくのです。

いくら食糧の豊かな時代になっても、体のシステムはそのままで、せっせと脂肪を溜め込みますから、メタボな中高年が増えるのも当たり前。

若いうちは新陳代謝が活発で過食の影響も出にくいのですが、歳を重ねて代謝が悪くなってからも節制なく食べ続けていると、肥満や生活習慣病のリスクはどんどん高くなります。

「それじゃ、いつもお腹を空かせていれば健康にいいの？」という質問も聞こえてきそうですが、医学的な立場からいえば答えは「イエス」です。

なぜなら、**人間には空腹時にだけ働く「若返り遺伝子」があり、老化を抑制し、さらに寿命を伸ばす働きがある**からです。

ただ、この遺伝子は普段は眠っている状態で、その効果を発揮させるには遺伝子のスイッチをオンにする必要があります。

そして、その起動方法が空腹状態をつくること。若返りには「腹六分目がいい」という根拠がここにあります。

うまく若返り遺伝子を働かせるには、こんなポイントがあります。

①お腹がすいてもすぐ満腹にせず、30分～1時間空腹時間を保ってから食事をすること。空腹時間をしばらくキープするのがポイントです。

②一日の摂取カロリーを８００キロカロリー程度に抑え、１回の食事量を腹６～７分目にすること。

全体に栄養バランスの良い食事にして、量は控えめにすることが大切です。若返り遺伝子は老化を防ぐだけでなく、美容や病気の予防にも効果があります。たとえば、シミやシワの予防、脂肪の燃焼、動脈硬化の抑制、ガンや生活習慣病の予防など、あらゆる老化要因を抑制する働きがあるといわれています。

また、この遺伝子は、どんな年代の人でも活性化できるというのが嬉しいところ。

「元気で長生きしたい」と願うなら、食欲もセルフコントロールすることが大切ですが、カロリー計算が面倒なら、とりあえず、プチずぼらに腹六文目を目安に食べるようにしましょう。

定年後は「プチ断食」がおすすめ

小食が体にいいとわかっていても、実行はなかなか難しいものですね。「甘いものは別腹」などと言い訳をして、つい食べすぎてしまう人が多いのではないでしょうか。

「明日からダイエットしよう」というのが食いしん坊の常套句ですが、徐々に食べる量を減らすというのもストレスがたまってなかなか実行できないものです。

そこで、プチずぼら派の人にも、それほど無理なく実践できて、確実に成果を上げられる方法としておすすめしたいのが、一日だけの「プチ断食」。ソフトな断食を短期間行い、お腹の調子を整えれば、気分もリフレッシュします。

定年後、週に一度のプチ断食を始めたご夫婦は、「なんとなく気分がシャキッとするんです」と、今ではすっかり生活に組み込まれたとか。

栄養を十分に摂ることも必要ですが、たまには胃腸を休ませて、体をすっきりさせることも大切です。

昔は断食といえば、専門家の指導を受けながら数日間すべての食物を断つものでしたが、今主流になっているのは、1日～3日間食事をしないライト断食や、半日～1日だけ食べ物を断つプチ断食。半日や一日だけなら、それほどつらいと感じる人は少ないようで、「定期的に続けたい」という人が多いといいます。

プチ断食のやり方は、「水以外は何も口に入れない」という厳格なものから、「ジュースやハーブティなどの水分は好きなだけ摂っていい」というもの、腸の調子を整えるため「ヨーグルトだけは積極的に摂る」というユニークなものまで、実にさまざまなので、自分の好みに合わせて選べばいいでしょう。

特に人気のあるのが、断食中に絞りたてのフルーツジュースだけを飲む方法で、これならほとんど空腹を感じることなくプチ断食ができます。

ただし、このときに瓶や缶、紙パックに入っている市販のジュースを飲むのはいただけません。

市販のジュースには「濃縮還元」という製法で作られたものもありますが、これは搾った果汁から水分を飛ばして4～6倍程度まで濃縮して冷凍保存しておき、使うときに水を加えて元の濃度に戻した製品。加熱処理が行われているので、熱に弱いビタミンなどの栄養素は失われてしまい、栄養素や風味を補うために香料や食品添加物を加えていることがほとんどです。

せっかく健康のためにプチ断食をしているのに、こんな不自然な食品を摂ってしまったら本末転倒。面倒でも、ここだけはきちんとその場で作った果実のフレッシュジュースを摂るようにしたいものです。

そしてもうひとつ、断食をしたことに満足して、その後適度な量にする。食物を摂らないことで胃腸は休養を得て、吸収率がよくなっていますから、適度な量にすることが大切です。

短い時間でも断食のデトックス効果はあなどれません。この習慣を続ければ、徐々に体調も肌の調子も上向きになることでしょう。

酵素たっぷりフルーツでずぼらデトックス

体内の老廃物を排出する「解毒」や「毒出し」を意味するデトックスは、最近広く知られるようになりました。

「岩盤浴」「半身浴」「断食」など、デトックスにもさまざまな方法がありますが、最近人気を集めているのが「酵素」を使った解毒法です。

今ではどこのドラッグストアにも「酵素」を特集したコーナーがあり、その人気ぶりがわかります。

しかし、わざわざ「酵素入り」とうたった商品を買わなくても、酵素たっぷりの食品を使えば、プチずぼらデトックスができてしまいます。

なかでもおすすめなのは、新鮮なフルーツです。プチ断食の話題でも登場しましたが、フルーツには酵素のほかにビタミンやミネラル、食物繊維など体に嬉しい成分がたっぷり含まれていますから、健康効果も文句なしです。

そんなフルーツの中でも特にデトックス効果の高いものをいくつかご紹介しますので、試してみてはいかがでしょう。


【リンゴ】

肝臓や腎臓の機能を高め、強力な消化酵素で胃腸などの消化器官を活発にする働きがあります。

特に、リンゴに含まれる中性ポリマーは毒素を排出し、体の中からきれいにしてくれます。さらに、血液中のコレステロール値も正常化してくれますから、生活習慣病が心配な中高年にもぴったりです。


【アボカド】

一価不飽和脂肪酸という優れた脂肪酸をはじめ、ミネラル分や酵素を豊富に含んだ栄養の宝庫です。一価不飽和脂肪酸はコレステロール値を下げるのに役立ち、毒素の排出を促す抗酸化物質のビタミンEも豊富に含んでいます。アボカドに含まれるカリウムにはむくみを防ぐ働きがあり、葉酸も倦怠感や疲れを予防してくれるので、サラダにしてたっぷり摂りたいものです。

【バナナ】

腸の機能を正常化して助ける働きがありますから、便秘には最適です。「美容ビタミン」と呼ばれるビタミンB類が多く、美容効果の高いポリフェノールも豊富です。また、たくさん含まれているトリプトファンは、体内でリラックス効果の高いセロトニンというホルモンに変わります。不眠や抑うつ的な気分を解消するにも、バナナは役立つはずです。

【パイナップル】

血液の循環を促す「ブロメライン」という物質が多く含まれているうえ、たんぱく質の消化を助ける効果も高いので、食事と一緒にどうぞ。

このようにデトックスに効果的なフルーツはたくさんありますから、果実を楽しみながら、らくちんのデトックスデーをつくってみてはどうでしょうか。

朝一杯の昆布水でお腹を快調に

「この前の健康診断で『尿酸値が高い』って言われたんだけど、どうしよう」

「尿酸値が高いと痛風になるんだろう？　心配だよ」

こんな悩みを持つ人が増えているようです。そこで、尿酸を増やす原因になるプリン体を避ける必要がありますが、最近はプリン体を抑えたビールなども発売されて、昔より予防のハードルは低くなりました。

最新の研究では、食材から得られるプリン体は全体の20％程度なので、そのまま尿酸値上昇にはつながらないという考え方もありますが、痛風を患っている人にとっては、避けたい食材かもしれません。

では、プリン体の多い食品といったら何を思い浮かべますか。

一般に、ビールやレバー、白子、エビ、イワシ、カツオなどが挙げられますが、実は、意外にプリン体の多い食品があるのです。

それは、日本人の食生活には欠かせない「鰹節」。鰹だしは非常に多く使われ、これを除外するとなると、お料理のバラエティが一気に狭まってしまいます。

ところが、同じだしでも、「昆布」は食物繊維をたっぷり含んだアルカリ性食品で、尿酸値を下げる効果も高いのです。

中性脂肪を抑え、血糖値の上昇も抑制する昆布は、中高年の健康管理にも最適。特に昆布に多く含まれるアルギン酸やフコイダンなどの水溶性の食物繊維が血液中のコレステロールを減らし、動脈硬化や心筋梗塞、脳血栓などの予防に力を発揮してくれるのですから、見逃せません。

これを鰹節の代わりに摂れば、その健康効果はお釣りがくるくらいでしょう。

しかも、健康のために飲む昆布水の作り方はとても簡単です。

水差しに細く刻んだ昆布10グラムを入れ、そこに水1リットルを注いで、冷蔵庫で3時間以上置くだけでＯＫ。寝る前に昆布水を仕込んで一晩置き、朝一番で飲むのがベストでしょう。

食べ方の工夫でサプリ以上の健康効果

食欲の衰える60歳以降はビタミンやミネラルが不足しがちです。食べ物は私たちの大切な燃料ですから、そのバランスも気になりますね。

だからといって、栄養補助食品やサプリに頼りきりというのは考えもの。毎日摂るサプリを決めていて、何種類もの錠剤を几帳面に飲んでいる人を見かけますが、こんなことに気を使っていたのでは、かえってストレスがたまりそうです。

もちろん効果の高いサプリもたくさんありますが、その前に食事の仕方や食品の組み合わせを工夫した方が実用的で、しかも経済的です。

ほんのちょっとのアイデアで、食品の健康効果はぐんとアップしますから、まずは気軽に挑戦してみてください。

「緑黄色野菜＋油」：ニンジンやカボチャに含まれるβ－カロチンは、本来吸収が悪いものですが、油と組み合わせると吸収率が急上昇。油なしでは20～30％の吸収率が、炒め物なら60～70％にもアップしますから、緑黄色野菜＋油のコンビを習慣にしましょう。

「肉料理＋きのこ」：ステーキや焼肉など油の多い肉類の付け合わせに最適なのが、シイタケやシメジなどのきのこ類。きのこに多く含まれる食物繊維が油の吸収を抑え、コレステロールの上昇も抑えます。こんにゃくやゴボウなど食物繊維の多い食品も肉料理と一緒に摂るのがおすすめです。

「ほうれん草＋レモン」：ほうれん草などの野菜や卵、乳製品などに含まれる非ヘム鉄は吸収率が非常に低いため、ビタミンCを加えるのがベスト。料理にレモン汁をかけたり、食事と一緒にオレンジジュースを飲むだけでも鉄分が効率よく摂れます。

「豚肉＋ニンニク」：ニンニクに含まれるアリシンが豚肉のビタミンB_1と結合し、その吸収をぐんと高めます。ビタミンB_1は糖質をエネルギーに変えるのに必要なビタミンで、アリシンはニンニクのほか玉ねぎやニラなどに多く含まれます。

「乳製品＋ナッツ」：チーズや牛乳などの乳製品やこまつ菜、モロヘイヤなどの野菜は、多くのカルシウムを含んでいますが、カルシウムの働きを活かすにはマグネシウムが必要。胡麻やアーモンドなどのナッツ類を同時に摂るのが健康効果を高めるコツです。

「マグロ＋山芋」：山芋に含まれるムチンという成分が、マグロのたんぱく質やＤＨＡの吸収を高めます。

「鮭＋バター」：鮭に含まれるアスタキサンチンは、β－カロチン以上の抗酸化作用を持つといわれる有効成分。このアスタキサンチンをビタミンＥたっぷりのバターと摂れば、健康効果も倍増します。

このように、普段何気なく口にしている食品の食べ方や飲み方をちょっと変えるだけで、その健康効果は大きく変わるもの。

ほんの少し食材の組み合わせを意識するだけなら、プチずぼら生活の中でも無理なく続けられるでしょう。

コーヒーは飲む「プチずぼら薬」です

ちょっと前まで、コーヒーは「カフェインが多くて体によくない」とか「一日3杯以上は健康に悪影響を及ぼす」などといわれて、ヘルシーなイメージはなかったのですが、最近はその評価が一変。体にいいものだというデータが次々と発表されて、一躍ヘルシーな飲み物として脚光を浴びました。

そのため、今まで肩身の狭い思いをしてきたコーヒー好きは、上機嫌でコーヒーを周囲にすすめ、アメリカではその消費量も増えているといいます。

公表されたデータの中には、「コーヒーを飲むとガンにかかりにくい」とか「肝機能を高める」「脂肪燃焼効果がある」など、現代人に嬉しい内容も多く、今や「コーヒーは体に悪い」というのは過去の話になったようです。

日本でも、東京大学と国立がん研究センターが「コーヒーを飲む習慣のある人は心臓病や脳卒中などによる死亡リスクが低下する」という調査結果を発表して話題を呼びましたが、さらに「コーヒーを一日3～4杯飲むと、心臓病死の危険性が4割減る」という報告もあって、「コーヒーは体にいい」という定評が一気に話題になりました。

また、コーヒーには優れた「血液サラサラ効果」があることもわかり、脳血管病や心筋梗塞を心配する中高年には朗報となりました。しかもコーヒーは飲むだけでなく、香りをかぐだけでも血管の若返りに役立つというのですから、驚きですね。

香りは、鼻から脳に入るとリラックス回路を活性化しますが、コーヒーの香り成分に多く含まれるピラジン酸には血小板が固まるのを抑制する作用があるため、脳梗塞や心筋梗塞の発症リスクが抑えられるというわけです。

目覚めのコーヒー、食後のコーヒー、音楽を聴いたりテレビを見てすごす時間の一杯のコーヒーなどで、しなやかで丈夫な血管が守られ、さまざまな病気が防げるなら、こんなに楽で、プチずぼらな健康法はありません。
ぜひ、ゆっくりとコーヒーの味と香りを楽しんでみてください。

最強の抗酸化物質のサケを食べる

「アスタキサンチン」という抗酸化物質が最近話題になっているのをご存じでしょうか。アスタキサンチンは自然界に広く存在する天然の赤い色素で、サケやエビ、カニなどに多く含まれるカロテノイドの一種です。

トマトのリコピンなど活性酸素を消去するカロテノイドは有名ですが、その中でも抜きん出たパワーをもつのがアスタキサンチンです。

アスタキサンチンの抗酸化力はビタミンEの約1000倍とたいへん強く、今のところ史上最強の抗酸化カロテノイドといわれています。

そして、世界でナンバーワンのアスタキサンチンの持ち主はサケ。サケの身の赤い天然色素に優れた抗酸化効果があるのです。

アスタキサンチンはもともと海藻の色素ですが、海藻を食べたオキアミをサケが食べるというプロセスを経て、サケの身に赤い色素が集積します。

サケは海ではゆっくり回遊していますが、産卵のために川を上るときは食べ物もとらず、ひたすら流れに逆らって泳いでいきます。

川を上るとき、サケは必死に泳いでいて、活性酸素も大量に発生しているのですが、強力な抗酸化作用をもつアスタキサンチンがそれを抑えているのです。

アスタキサンチンは強い抗酸化力を持つだけでなく、血液脳関門を通り抜けるという特殊な働きをすることもわかっています。血液脳関門というのは、脳に有害な物質が入りこまないように防ぐ関所のようなものですが、アスタキサンチンはこの厳しい検閲を通過できる数少ない物質なのです。

そのため、認知症の予防や脳の老化防止にも期待は高まるばかり。

もちろん、サプリで摂取しなくても、意識して鮭の塩焼きやバター焼きをメニューに加えるだけでＯＫ。

手間のかかる料理は敬遠しがちでも、鮭を一切れ食べるだけなら、プチずぼら派でも無理なくできるはずです。

賢く酵素を摂るなら大根おろし

ひと昔前は「塩麹」や「醤油麹」が話題を呼び、今は「甘酒」や「カスピ海ヨーグルト」などの発酵食品が人気を集めています。コーカサス地方のヨーグルトやドイツ名産のキャベツの漬物「ザワークラウト」、韓国の味として人気の「キムチ」などは、世界的に有名な発酵食品です。

ところが、実は日本こそ世界に誇る発酵王国！日本の味を支えるみそ、醤油などの調味料をはじめ、納豆や塩辛、ぬか漬けや酢、鰹節や米麹、日本酒や焼酎、甘酒や味醂など、数えきれないほど多彩なラインナップがあり、日本食の発酵パワーは最強といえるでしょう。

この発酵食品には、私たちの傷ついたＤＮＡを修復して免疫力を上げるという大事な働きがあります。

人間は毎日大量の酵素を必要としていますが、残念なことに体内の酵素は年齢とともに減っていき、中高年になればどうしても酵素不足になってしまいます。しかも、たまに発酵食品のまとめ食いをしてもあまり意味はありません。酵素をしっかりチャージするには、毎日少しずつでも発酵食品や酵素の多い食品を摂ることです。

酵素は発酵食品のほか生の野菜や果物、植物の新芽などに多いのですが、弱点は熱に弱いこと。高温で長く煮たりすると、すぐに壊れてしまいます。

そこで、「あれこれ面倒なことは苦手」という、プチずぼら派におすすめしたいのが「大根おろし」です。

魚の塩焼きや揚げ出し豆腐などにつき物の大根おろしには、たんぱく質分解酵素のプロテアーゼや糖質分解酵素のアミラーゼ、脂質分解酵素であるリパーゼまで含まれているのですから、これだけで酵素チャージはＯＫ。

大根おろしは天然の消化酵素剤でもあるので、胃の弱い人にもおすすめです。

ただし、酵素は酸化に弱いため、すりたての新鮮なものを食べましょう。

具だくさんのみそ汁は超健康食

「元気で長寿を願うなら、大豆を一生食べ続けるように」という言い伝えがあります。

豆腐、納豆、おから、ゆば、みそ、醬油など、大豆は日本人の食事に欠かせません。しかも、大豆製品は成人病を予防する食品のエースとして、その植物性たんぱく質のパワーが認められているのです。

大豆は「畑の肉」と呼ばれますが、良質なたんぱく源です。肉食を禁じている禅寺でも、大豆によってたんぱく質や脂肪を摂取し、荒行《あらぎょう》にも耐えられる心と体を支えているのです。

歴史上の人物で、長寿を全うした人物としてよく取り上げられるのが徳川家康です。平均寿命わずか38歳の当時、75歳の生涯を生きたのですから、なかなかのものではありませんか。その家康伝来の食養生として語り継がれているのが「三根五菜みそ汁」です。「ご馳走は月に2、3度までとして、平素は麦飯と『三根五菜みそ汁』があればよい」という教えです。

「三根五菜みそ汁」とは、根菜を三種類と地上の野菜を五種類入れたみそ汁のことで、野菜をいっぱい入れたみそ汁が、家康にとって「かけがえのない健康食」だったようです。

オフィス街の、ある料理屋がランチサービスを始めたら、行列ができる人気店になったのですが、それは、具だくさんのみそ汁をお代わり自由でお客さんに提供したからだとか。

私の知人に一人暮らしの男性がいますが、この人は「野菜料理といってもめんどうだから、ジャガイモ、大根、ニンジン、玉ねぎ、キャベツなどを切って、ドーンとみそ汁にして食べてます。これが常食です」と話しています。この具だくさんのみそ汁が、彼の健康を支えているのだと思います。

栄養不足にはアルブミンの補充

飽食の時代といわれる現代でも、シニアの栄養不足は減るどころか増える傾向にあります。

脂肪や肉の摂りすぎが太りすぎや生活習慣病の原因だと思い込んで、人間の細胞組織に不可欠なたんぱく質を十分摂らない人がいますが、これは完全な誤解。たんぱく質不足こそ、中高年の隠れ栄養不足の大きな要因なのです。

現在、日本では70歳以上の6人に1人が栄養不足といわれていますが、専門家が特に注目しているのが、体内のたんぱく質量の目安となる「アルブミン」という成分です。

アルブミンとは、私たちの血液に含まれるたんぱく質で、血漿たんぱくのうち約60%をアルブミンが占めています。

アルブミンは筋肉や血管、免疫細胞などに欠かせない成分で、これが不足すると筋肉が減ったり血管がもろくなったり、免疫機能も低下するといわれています。

ただ、加齢とともに体内でアルブミンをつくる力が弱まり、それが老化を加速する原因にもなっているのです。

アルブミンが少なくなる原因には肝臓や腎臓の機能低下などもありますが、一番多い理由は、高齢者のたんぱく質摂取量が少ないことです。

肉や魚や大豆など、食べ物から摂取するたんぱく質の量が足りないと、当然体内のアルブミン量も少なくなり、免疫力が低下したり血管が弱くなったりします。

歳とともに抵抗力が弱くなる高齢者にとって、アルブミン量の持つ意味は年々大きくなりますから、食事で十分なたんぱく質を摂るよう意識したいものです。

では、アルブミン量を多く保つにはどうしたらいいかというと、栄養を摂るだけでなく、その製造現場である肝臓をいつも元気な状態にしておくことが大切です。

肝臓の健康を保つには、過労や過度の飲酒を避けることはもちろんですが、日頃から肉や卵、チーズやヨーグルト、豆腐や納豆、魚などの高たんぱく食品をしっかり摂ることです。

しかし、日本の食事はご飯を中心とした和食が主流のため、シニアは食が細くなると同時に、たんぱく質の摂取量もぐんと減ってしまいます。

これまでは、高齢になれば粗食の小食の方が長生きにつながるという考えの人も多かったのですが、熟年期を元気で生き生きと過ごそうと思うなら、十分にたんぱく質を摂ってアルブミンを蓄えるのが正解です。

いくら面倒でも、「今日はお茶漬けで軽くすまそう」などという食生活は感心しません。

一度にたくさんのたんぱく質を摂るのが難しいなら、おやつ代わりに、ゆで卵やチーズもおすすめ。そうすれば、プチずぼらしながら、アルブミンを補充できます。

アルブミンが増えれば自然と元気が湧いてきて、徐々に若返り効果が感じられるはずです。

保坂 隆

Takashi HOSAKA

保坂サイコオンコロジー・クリニック院長。1952年山梨県生まれ。慶應義塾大学医学部卒業後、同大学医学部精神神経科入局。米国カリフォルニア大学へ留学。東海大学医学部教授（精神医学）、聖路加国際病院リエゾンセンター長、聖路加国際大学臨床教授などを経て現職。

著書に『精神科医が教える　心が軽くなる「老後の整理術」』『精神科医が教える　お金をかけない「老後の楽しみ方」』（PHP研究所）、『60歳からの人生を楽しむ孤独力』『50歳からのお金がなくても平気な老後術』（大和書房）、『頭がいい人、悪い人の老後習慣』（朝日新聞出版）など多数。

※本書は、海竜社から刊行された『精神科医が教える　ちょこっとずぼら老後は楽しい!』を改題・再構成したものです。

精神科医が教える
ずぼら老後の知恵袋

2024年6月12日　第1刷発行
2024年7月11日　第2刷発行

著　者　保坂　隆

発行者　櫻井秀勲
発行所　きずな出版
東京都新宿区白銀町1-13　〒162-0816
電話 03-3260-0391
振替 00160-2-633551
https://www.kizuna-pub.jp/

ブックデザイン　川島 進
印刷・製本　モリモト印刷

ISBN978-4-86663-247-6

きずな出版

しなやかな心 70の習慣

保坂 隆

あなたは変われます――。「本棚の入れ替え」「夢ノートに書く」「目指す人のマネ」など。ちょっとした習慣で新しい自分になることができます。人間関係の悩みもスッキリ！　精神科医が教える習慣術。

定価　本体1400円+税

きずな出版
https://www.kizuna-pub.jp